M'ría:

Para la investigación de la noble tarea de la elaboración de los Brusai, recibe este libro, que te servirá para el futuro.

Recuerdos

*(firma)*

Quito, 20 de Junio 2.004.

# BONSAI

## PETER CHAN

**Libros CUPULA**

**ediciones CEAC**

Perú, 164 - 08020 Barcelona - España

*Traductores:*
Montserrat Fontboté Rubió
y Joaquín Azcón Bieto
(jefe del departamento de fisiología
vegetal de la Facultad de Biología
de Barcelona)

Traducción autorizada de la obra:
BONSAI
Editado en lengua inglesa por:
Sterling Publishing Co., Inc. New York
© The Paul Press Ltd. To Toppan Printing Co. Ltd.
ISBN. 08069.6762.5

*Cúpula es una Marca Registrada
por Ediciones Ceac, S.A.*

©    EDICIONES CEAC, S.A. 1990
Perú, 164 - 08020 Barcelona (España)

1.ª edición: Marzo 1990
ISBN: 84.329.1659.5
Depósito legal: B. 15.191-1990

Impreso por:
GAYBAN GRAFIC, S.A.

Impreso en España
Printed in Spain

# Contenido

# Principios de estética y horticultura

En cualquier empresa humana, la perseverancia es absolutamente esencial si se desea obtener la perfección. La máxima "la práctica perfecciona" puede aplicarse tanto al bonsai como a la música. No se puede esperar llegar a ser un maestro de bonsai manejando un solo árbol; de hecho, se necesitan años de experimentación con una gran variedad de árboles para conseguirlo. Muchas personas abandonan demasiado fácilmente cuando fracasan con su primer árbol. Esto es una lástima porque con frecuencia los fracasos son debidos a una falta de conocimientos básicos. Es posible incluso, que el propio árbol ya fuera comprado en mal estado, y que el comprador no se hubiera percatado de ello en aquel momento. Sólo se podrá obtener éxito en el caso de que la persona esté preparada para intentarlo de nuevo. Este es el motivo por el cual la perseverancia es tan esencial si se desea ser un maestro en el arte del bonsai.

Sin embargo, la perseverancia por sí sola no es suficiente para conseguirlo; también se debe amar el bonsai. De hecho, si no se ama a los árboles, no se podrá mantener y desarrollar un interés duradero en el tema. Al igual que en otras aficiones, la fascinación por el bonsai es difícil de explicar. Quizás se deba a que los propios árboles son intrínsecamente bellos. También podría deberse a la miniaturización a largo plazo de tiempo. Pero en el fondo de todo está el hecho de que la contemplación del bonsai es un deleite para la vista. He comprobado que los amantes del bonsai aprecian invariablemente la belleza, y por tanto también son sensibles a la belleza de los árboles.

Además de la perseverancia y el amor por el bonsai se necesitan dos requisitos más para conseguir el éxito: un sólido conocimiento de los principios básicos de la horticultura y una comprensión de los fundamentos de la estética. Ambos requisitos son vitales, de forma que prácticamente no tienen valor por separado. Un buen conocimiento de la horticultura no asegura necesariamente la formación de un buen artista de bonsai si se carece de sensibilidad artística. Por

Muchas variedades de arce han sido obtenidas en Japón durante siglos, siendo un material favorito, y en algunos casos exclusivo, para los entusiastas del bonsai. Este grabado en madera de Kuniyoshi muestra un maestro de Ikebana con hojas de arce al fondo.

Este bonsai de olmo chino de 50 años de edad tiene sólo 28 cm de altura. El tronco hueco es un indicador de su larga edad. Inspirado por los hermosos árboles de la página 7, lo estoy adaptando para que se parezca a un viejo y típico roble inglés.

el contrario, es inútil poseer dicha sensibilidad si no se comprende cómo crecen las plantas y los árboles. También es importante tener presebte que para la creación con éxito de un bonsai, además de los principios estéticos y de horticultura descritos en este libro, se necesita sentido común.

La comprensión de cómo los árboles y plantas crecen es parte del proceso de la adquisición de maestría en el arte del

bonsai. Algunas personas parecen haber nacido con manos de plata: el éxito con las plantas es consustancial en ellas. Esta habilidad natural les puede permitir una correcta iniciación y un progreso rápido en su nueva afición. Sin embargo, el sentido común en jardinería también puede ser desarrollado con el tiempo.

Existen ciertos principios fundamentales de la horticultura que son conocidos por la mayoría de aficionados:

por ejemplo, que los árboles sólo pueden ser desenterrados y transplantados entre el final de la estación de reposo y el principio de la estación de crecimiento temprano, y no en pleno verano; o bien que los árboles sólo necesitan ser regados y abonados durante la estación de crecimiento. Sin embargo, he asumido en este libro que estos conocimientos básicos pueden no ser tan obvios para muchos lectores, así que se ha hecho un esfuerzo para que puedan aprender muchos trucos útiles.

No se puede afirmar que las técnicas de horticultura usadas en el bonsai sean exactamente las mismas que se usan en la jardinería convencional. Sin embargo, la siembra de semillas para bonsai es esencialmente la misma que la de las hortalizas y plantas de flor más comunes. Después de todo, las semillas son semillas cualquiera que sea la planta de origen. Lo mismo se puede decir de las diversas técnicas de propagación: la obtención de esquejes y acodos aéreos para bonsai no es diferente de la de plantas de jardín. Las técnicas de injertar, abonar y podar tampoco difieren en ambos casos. La diferencia principal del bonsai se centra en la estética.

## La mentalidad adecuada

A medida que aumente el interés del lector por el bonsai notará que probablemente empieza a cambiar su estilo de vida: las vacaciones, por ejemplo, pueden incluir expediciones de recolección, y visitas a convenciones y exposiciones en otros países; su vida social puede ampliarse a clubes de bonsai, asistencia a convenciones y cursos sobre bonsai, etc. Éste es el desarrollo natural de la afición al bonsai y es similar al de otros pasatiempos, como ya saben los aficionados a los deportes de competición, bailes de salón, a coleccionar sellos y trenes de juguete, etc. Con el tiempo, la obsesión por el bonsai puede llegar a ser pasión, e incluso un modo de vida. Se puede estar pensando en el bonsai en todo momento

e incluso soñar sobre ello por la noche.

Sin embargo, el entusiasmo por sí solo no es suficiente para ser maestro del bonsai; se necesita también desarrollar una actitud mental adecuada, es decir, una mentalidad. Además del interés por la horticultura y los árboles se debe desarrollar un aspecto crítico para la belleza, forma y equilibrio. Sólo de esta manera se puede aprender a distinguir un árbol realmente bello de otro menos bello.

La paciencia es evidentemente un requisito: se puede crear un bonsai aceptable en cuestión de minutos dando una forma adecuada con alambres, pero la creación de un bonsai realmente excepcional puede llevar un mínimo de tres años, e incluso toda una vida o más.

Se tiene la sensación de que el árbol "perfecto" no existe, porque la perfección es siempre una cuestión de opinión individual; siempre aparecerá alguien que encontrará algún defecto en cualquier ejemplar. Sin embargo, este argumento no debería desanimar a nadie a intentar conseguir la perfección.

La humildad es otra cualidad que el entusiasta del bonsai necesitará adquirir. Es indudable que el Creador, o la Naturaleza, hacen la mayor parte del trabajo en un bonsai; el aficionado sólo colabora en los detalles. Cuando se observa un maravilloso viejo árbol en el campo, no se puede dejar de admirar la mano maestra de la naturaleza. Un profundo sentimiento de humildad nos embarga, y somos conscientes de que los seres humanos nunca podremos crear algo tan hermoso. De hecho, uno de los atractivos del bonsai es el sentimiento de respeto que estos pequeños árboles pueden generar.

Algunas personas describen esta experiencia como la identificación con la naturaleza; otras como el despertar del alma a mayores sensibilidades humanas. Llámese como se quiera, el hecho es que el bonsai tiene cualidades místicas o terapéuticas para el espíritu humano. Si no fuera por ésto, el esfuerzo en la consecución de un bonsai sería una experiencia vacía. En cambio, el reconocimiento del aspecto espiritual del bonsai enriquece la vida.

Los artistas de bonsai se inspiran en sus composiciones a partir de árboles de la naturaleza. **Izquierda:** Este sólido roble inglés tiene 400-500 años de edad y un diámetro del tronco de casi 3 m. A pesar de que su tronco es completamente hueco, el árbol está perfectamente sano, y transmite una impresión de inmenso carácter y poder. **Arriba:** Este hermoso roble crece en el fondo de mi jardín y, con 24 m de altura y 1,8 m de diámetro en la base del tronco, es un ejemplo casi perfecto del árbol en estilo escoba.

## Orígenes del bonsai

En la sociedad materialista actual se olvida a menudo que los orígenes del bonsai tienen un significado religioso y filosófico. La comprensión del bonsai en este contexto añade una nueva dimensión a este pasatiempo. Los bonsai, como los arreglos florales japoneses, son usados para adornar el *tokonoma,* que es el centro o altar de la casa familiar japonesa. Ahí los miembros de la familia pueden meditar o contemplar la belleza, serenidad y paz de la naturaleza. El acto de colocar un bonsai en el tokonoma es un acto de culto con profundo significado espiritual. Un bonsai, por tanto, puede representar el más profundo sentido espiritual de la vida.

## El elemento de inspiración

El hecho de que el bonsai puede inspirar y elevar el espíritu humano es aceptado generalmente tanto por los entusiastas como por los no tan entusiastas. Las razones de esto son, sin embargo, más difíciles de comprender. Una explicación es que los árboles son réplicas en miniatura de los hermosos árboles que se ven en la naturaleza. Por tanto, si una maravillosa pieza del paisaje puede afectar el espíritu humano, también lo puede hacer un maravilloso árbol de bonsai.

El corolario de esta argumentación es que el elemento de inspiración para el bonsai reside en la misma naturaleza. Los árboles que inspiran a los entusiastas del bonsai tienen todas las formas y tamaños, y pueden encontrarse en muchos ambientes distintos. Estos árboles pueden ser desde grandes ejemplares situados en amplios espacios de suntuosas mansiones a pequeños árboles maltratados que cuelgan de acantilados rocosos. Cualquiera que sea su hábitat, es la imagen del árbol lo que permanece vívidamente en la conciencia, y lo que a su vez se transformará en un bello bonsai.

El proceso de creación de un bonsai no es mecánico: un bonsai no puede ser creado simplemente mediante la poda y alambrado de ramas siguiendo reglas y convenciones rígidas. En realidad es un largo proceso que empieza con una idea, nacida quizás de una visión subliminal de un árbol visto en su hábitat natural, y finaliza con la completa transformación de un árbol ordinario o planta en una espectacular obra de arte, la cual es capaz de evocar sentimientos de belleza, gracia y grandeza.

Como en cualquier arte el bonsai es, en cierto sentido, una ilusión. El árbol en miniatura es sólo la percepción de la realidad por el artista, una imagen o visión del árbol real. Es apropiado comparar el bonsai con la pintura o la escultura: el proceso creativo es encendido por el elemento inspiración, el medio de expresión es la planta viviente y el producto final es una imagen de la realidad.

## La tradición del bonsai

El bonsai está reconocido como una forma artística por los chinos y japoneses durante siglos y ha sido enseñado por maestros de bonsai durante generaciones. Sin embargo, en Occidente no existe tal tradición, dado que el arte del bonsai es relativamente nuevo. Obviamente, se necesitará tiempo antes de que esta tradición esté totalmente establecida. Como en otras artes, la práctica es la clave para dominar las habilidades del bonsai.

El arte del bonsai requiere la correcta combinación de la mente, el ojo y la mano. La mente necesita desarrollar paciencia, humildad y perseverancia; los ojos necesitan acostumbrarse a percibir imágenes de distintas maneras; y las manos deben aprender a modelar y doblar el árbol para que adopte la forma y línea correctas, de manera que inspire al que lo mira. Todas estas cualidades pueden tardar en desarrollarse, pero con una guía correcta el proceso puede acortarse y, lo que es más importante, ser incluso una divertida experiencia. Éste es precisamente uno de los objetivos del libro.

**Izquierda:** Un raro ejemplar de junípero de aguja (*Juniperus rigida*) modelado según el estilo cascada. Este árbol tiene aproximadamente 60 años, 55 cm de altura y un diámetro del tronco de 8 cm. La inspiración para el estilo cascada proviene de los árboles que crecen en acantilados, o en altos peñascos montañosos.

# Estilos de bonsai

| Estilos de tronco único | | |
|---|---|---|
| Erecto formal | | Todos los pinos, cedros, criptomeria, alerce, sequoia, pícea Ezo, taxodio y pícea Alberta. |
| Erecto informal | | La mayoría de variedades; particularmente, arce japonés, arce tridente y juníperos. |
| Inclinado | | Todas las variedades usadas para el estilo erecto formal son adecuadas. |
| Azotado por el viento | | Juníperos, alerce y pino silvestre. |
| Tronco partido | | La mayoría de variedades, particularmente, árboles de flor. |
| Tronco seco | | La mayoría de árboles de hoja perenne; particularmente, juníperos (de aguja y chino). |
| Escoba | | Sólo variedades caducifolias; particularmente, olmos, olmo de corteza gris y abedul plateado, excepto arces. |
| Cascada | | En general árboles perennifolios; particularmente, juníperos y pinos. A veces pueden usarse árboles caducifolios naturales. |
| Media cascada | | En general árboles perennifolios, pero algunas variedades caducifolias se prestan bien a este estilo; particularmente, ciertas variedades florales como glicina. |
| Llorón | | Variedades lloronas caducifolias naturales como el sauce; árboles de flor, como glicina y laburno. |
| Raíz sobre rocas | | La mayoría de variedades; particularmente, arce tridente y algunos juníperos. |

| | | |
|---|---|---|
| Raíz descubierta | | Pinos y juníperos. |
| Plantado sobre rocas | | La mayoría de variedades. |
| Literario | | Pinos, juníperos y alerces. |

**Estilos de tronco múltiple**

| | | |
|---|---|---|
| Tronco doble | | La mayoría de variedades. |
| Tronco triple | | La mayoría de variedades. |
| Tronco múltiple | | La mayoría de variedades. |
| Conectado por la raíz | | La mayoría de variedades; particularmente, juníperos. |

**Estilos de árboles múltiples o grupos**

| | | |
|---|---|---|
| Grupo o bosque | | Arces tridente y japonés, olmo japonés de corteza gris, olmos chinos, abedul plateado, juníperos de aguja y píceas (los árboles de flor y de fruto normalmente no son adecuados). |
| Grupo plantado sobre rocas | | Como el anterior estilo. |
| Paisaje | | La mayoría de variedades, excepto grandes árboles de flor y de fruto. |

## Principios de estética

El bonsai se acepta actualmente como una forma de arte, y no simplemente como una habilidad horticultural. Como arte, tiene ciertos principios básicos de estética que pueden ser analizados y estudiados. Estos principios están basados en las pautas estéticas de los artes chino y japonés. Por tanto, para apreciar la estética del bonsai es necesario entender el contexto en el cual el arte chino y japonés se han desarrollado.

Casi todas las artes y artesanías chinas y japonesas tienen sus orígenes en el taoísmo y en el budismo. Disciplinas complejas y muy técnicas son a menudo componentes fundamentales de tales artes, aunque sólo tienen un papel secundario o instrumental. La característica distintiva de un trabajo artístico supremo o de una obra maestra es su cualidad de parecer como no planeada, o casi accidental. El mayor logro del taoísmo y del zen (budismo chino-japonés) se considera que es un hombre o una mujer quien de forma no competitiva es la fuente de estos "accidentes", o acontecimientos afortunados en todos los dominios del arte, incluyendo el bonsai. Son estos individuos quienes llegan a ser grandes maestros de su arte.

## Wabi i sabi

Existen dos principios fundamentales de la cultura y arte chino y japonés: los conceptos de *"wabi"* y *"sabi"*.

*Wabi* significa literalmente "pobreza", aunque esta traducción no refleja la riqueza de su verdadero significado. Pobreza, en este sentido, significa no ser dependiente de posesiones materiales, más que simplemente no tenerlas. Una persona que es pobre en estos términos puede aún ser rica interiormente, debido a la presencia de algo de valor superior a las meras posesiones. Wabi por tanto es pobreza que sobrepasa la riqueza inmensa.

En términos prácticos, un

ejemplo de wabi puede ser la alegría de
una familia que vive en condiciones muy
espartanas, con escasa comida y pocas
posesiones, pero conectada
armónicamente a los aconteceres de la
vida diaria.

En términos intelectuales y artísticos, el
wabi se encuentra en la persona que no
cae en complejidades estructurales, de
expresión adornada en exceso, o de
pomposidad en la autoestima.

Él, o ella, se contenta tranquilamente
con las cosas simples de la vida, que
son las fuentes de inspiración
diaria.

*Sabi*, por otra parte, denota "soledad",
aunque en términos estéticos su
significado es mucho más amplio, que el
que puede deducirse de la palabra
anterior.

**Izquierda:** Imágenes como
este grabado en madera,
del artista japonés
Umekuni, son una rica
fuente de inspiración para
los artistas de bonsai. **Más
a la izquierda:** Grupo de
cinco árboles de 40-50
años de edad de pícea
Ezo, el cual fue
anteriormente parte de un
grupo mucho mayor
importado de Japón a
principios de los sesenta.
La composición ha sido
rediseñada colocando los
árboles ligeramente
descentrados, creando un
balance asimétrico, el cual
es mucho más efectivo
que el de la plantación
centrada.

13

Un elemento de antigüedad también está implicado, especialmente si está combinado con una primitiva falta de sofisticación. Los utensilios usados en la tradicional ceremonia del té de Japón son un buen ejemplo de sabi. La esencia de sabi, por tanto, es gracia combinada con antigüedad.

En resumen, wabi implica pobreza, simplicidad y tranquilidad; sabi, por otra parte, se funda en la soledad, la deliberada imperfección antigua, y la ausencia de sofisticación en exceso. Entrelazadas con estos atributos son las cualidades innatas de amor a la naturaleza, preferencia por el desequilibrio y la asimetría, evitando la abstracción, el intelectualismo y la practicalidad.

En adición a wabi y sabi, hay siete características más que son consideradas como expresiones de Zen en una obra de arte, y conectan los concepto de wabi y sabi. Son: asimetría, simplicidad, sublimidad austera, naturalidad, profundidad sutil, libertad de ataduras y tranquilidad. Una o más de estas cualidades pueden predominar en una determinada obra artística, pero todas deben estar presentes en cierto grado para crear una armonía perfecta que caracterice esa obra.

## Asimetría

La mayoría de los diseños de bonsai son asimétricos en la forma y en el balance. Excepto en el caso del estilo erecto formal, muy pocas composiciones necesitan ser perfectamente simétricas. La armonía se consigue mediante un cuidadoso balance de la masa visual y el espacio abierto en los lugares y proporciones adecuadas (por ejemplo, evitar ramas opuestas, o la sutil colocación de un árbol en una maceta). El uso de un balance asimétrico puede ser más evidente en los arreglos florales japoneses que en el bonsai, pero es igualmente efectivo en ambas manifestaciones artísticas. El estancamiento y el exceso de perfección deben ser evitados.

## Simplicidad

Tanto en filosofía como en ciencia, los pensamientos más profundos son a menudo expresados en los términos más simples. Esto es igualmente cierto en el caso del bonsai, ya que un exceso de decoración del árbol o la maceta restará méritos al diseño del árbol. La disciplina de la simplicidad, por tanto, es un aspecto vital del diseño de un bonsai.

## Sublimidad austera

Todas las partes sobrantes deben ser eliminadas, manteniendo únicamente los elementos esenciales que se requieren para transmitir el mensaje del artista. En el bonsai, quizás el mejor ejemplo de esta cualidad es el estilo literario, en que una o dos líneas fuertes comunican las sutilezas y emociones del artista de bonsai. Un árbol literario tiene reminiscencias de las pinturas con pincel de la escuela de literatura, donde sólo las fuertes líneas del tronco y un mínimo de ramas y follaje pueden conferir una riqueza basada en una aproximación minimalista. El estilo literario está considerado como una de las formas más elevadas del arte del bonsai. *Jin* y *sharimiki* (tronco seco) son otros ejemplos de sublimidad austera.

## Naturalidad

Para crear un sentimiento completamente natural, la apariencia de artificialidad debe ser evitada a toda costa. Las características de la naturaleza serán observadas y copiadas con el mayor detalle; el objetivo es crear una impresión de lo accidental o incidental. El resultado debería verse como si no hubiera sido tocado por el hombre. El bonsai, por su naturaleza, es un objeto hecho por el hombre, lo que significa que un árbol cuidadosamente preparado puede tener una apariencia de plástico. Es fundamental el evitar tal artificialidad, dado que el propósito de un bonsai es crear una "obra de la naturaleza" en una maceta.

Los dos conceptos fundamentales del arte chino y del arte japonés –sabi y wabi– están ligados por siete características. Cualquiera de estas cualidades puede predominar en una determinada obra de arte, pero todas deberían estar presentes en un cierto grado. Los árboles que se muestran permiten aprender a reconocer estas características.

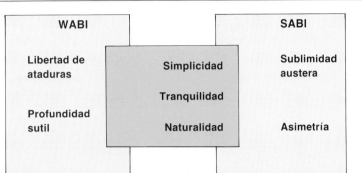

| WABI | | SABI |
|---|---|---|
| **Libertad de ataduras** | **Simplicidad** | **Sublimidad austera** |
| | **Tranquilidad** | |
| **Profundidad sutil** | **Naturalidad** | **Asimetría** |

**Profundidad sutil**
Arce tridente de tronco doble

**Simplicidad**
Junípero común

**Tranquilidad**
Pino negro

**Naturalidad**
Juníperos chinos

**Sublimidad austera**
Alerce

**Asimetría**
Grupo de píceas Ezo

## Profundidad sutil

Este es un concepto muy difícil de transmitir, que implica insinuaciones de inagotabilidad y reverberaciones interminables. Hay una sugestión de profundo espacio que implica alguna escondida habilidad o cualidad. Es más fácil detectar esta cualidad en una pintura que en un bonsai, porque la profundidad y la perspectiva son más claramente visibles. Sin embargo, a medida que el aficionado es más crítico con el arte del bonsai empezará a percibir este sentimiento en algunos diseños. Un determinado árbol puede despertarle un profundo sentimiento de respeto. El causante de dicho respeto podría ser la edad del árbol, su pura belleza, o su regio porte. Sea lo que sea, algunos árboles son capaces de comunicar profundidad sutil a su manera especial.

## Libertad de ataduras

Se caracteriza por la frescura que se deriva de abandonar convenciones, costumbres y fórmulas. Sólo adoptando lo que no es convencional se puede conseguir una libertad marcada por la frescura y la originalidad.

En el caso del bonsai, aquellos árboles que rompen con las reglas convencionales son usualmente los que atraen la atención, debido a su frescura y su aspecto poco ortodoxo.

## Tranquilidad

Esta es otra característica que se asocia a menudo con el arte chino y japonés, donde un sentimiento de calma profunda, incluso en acción, es transmitida por las sombras sutiles de una pintura de tinta china. No es necesario decir que ciertos bonsai también transmiten esta cualidad especial de la tranquilidad.

Algunos árboles tienen un porte tan noble que simplemente mirándolos pueden comunicar un profundo sentido de reposo y tranquilidad a quien los mira. Verdaderamente, ésta es una de las

razones por la cual el arte del bonsai es seguido con tanta avidez en Occidente.

## Inspiración personal

Estos principios pueden parecer más bien abstractos y remotos para el principiante, pero con el tiempo deberían ser una parte intrínseca de su aproximación global al diseño creativo. Traducidos a conceptos convencionales de diseño, llegan a ser más familiares de forma inmediata: línea y forma, balance y armonía, escala, perspectiva, color, textura, movimiento, e impresión global.

Con estos conceptos en mente, se deberían estudiar las obras maestras reproducidas en libros conmemorativos y otros libros de bonsai. Mediante análisis de la manera en que estos principios estéticos han sido empleados, y obteniendo inspiración a partir de ellos, su conocimiento aumentará, y con ello su habilidad para crear mejores bonsai.

Más a la izquierda: este arce japonés de montaña de tronco partido está considerado como uno de los ejemplares de bonsai más perfectos de Gran Bretaña. Esta variedad frondosa pequeña de *Acer palmatum* tiene 90 cm altura, y un diámetro del tronco de 11 cm. El árbol tiene casi 100 años de edad, y gran parte del tronco se ha podrido desde el interior. Sin embargo, un manejo cuidadoso durante los últimos diez años ha parado la putrefacción. Izquierda: Este arce tridente de tronco doble no es convencional en el sentido de que el árbol más pequeño es de hecho, una rama. Las ramas uniformemente espaciadas, las raíces radiadas, y la línea del tronco inusualmente bella hacen que este magnífico ejemplar de árbol de 40 años parezca de mayor edad.

17

# Elección de macetas

| Estilos de tronco único | | |
|---|---|---|
| Erecto formal | | Macetas rectangulares u ovales de profundidad mediana a honda; de barro o de colores oscuros para árboles perennifolios; de barro o barnizadas para árboles caducifolios. |
| Erecto informal | | Macetas rectangulares, ovales e incluso circulares, de profundidad mediana a honda; colores como en el estilo erecto formal. |
| Inclinado | | Maceta rectangular, profundidad mediana; color como en los anteriores estilos. |
| Azotado por el viento | | Macetas rectangulares, ovales o esculpidas modernas, profundidad mediana; principalmente de barro. |
| Tronco partido | | Macetas rectangulares u ovales, profundidad mediana a honda; colores como en los estilos erecto formal e informal. |
| Tronco seco | | Como el tronco partido. |
| Escoba | | Macetas ovales (excepcionalmente, macetas rectangulares o circulares), poco profundas a profundidad mediana; preferiblemente de barro; pueden usarse los colores crema o verde claro. |
| Cascada | | Macetas hondas a muy hondas; forma cuadrada, hexagonal, octogonal o circular; de barro o barnizadas dependiendo de la variedad de árbol. |
| Media cascada | | Como el estilo cascada. |
| Llorón | | Maceta de profundidad mediana; forma y color como en los estilos cascada y media cascada. |
| Raíz sobre rocas | | Maceta de profundidad mediana; rectangular, oval o circular; de barro o barnizada, dependiendo de la variedad de árbol. En caso de duda, usar una maceta de barro o de color neutro. |

| | | |
|---|---|---|
| Raíz descubierta | | Como en el estilo raíz sobre rocas. |
| Plantado sobre rocas | | No se requiere maceta. |
| Literario | | Maceta circular, cuadrada, hexagonal, octogonal, o esculpida moderna, de profundidad mediana; de barro para perennifolios; también pueden usarse de color crema o verde claro. |

**Estilos de tronco múltiple**

| | | |
|---|---|---|
| Tronco doble | | Como en el estilo erecto informal. |
| Tronco triple | | Como en el estilo erecto informal. |
| Tronco múltiple | | Como en el estilo erecto informal. |
| Conectado por la raíz | | Macetas rectangulares u ovales, de profundidad mediana a superficial; colores neutros o de barro para perennifolios; de barro o barnizadas para árboles caducifolios. |

**Estilos de árbol múltiple o grupo**

| | | |
|---|---|---|
| Grupo o bosque | | Macetas ovales poco profundas o muy poco profundas; de barro o barnizadas de colores neutros. Pedazos aplanados de rocas pueden usarse en lugar de macetas poco profundas. |
| Grupo plantado sobre rocas | | No se requiere maceta. |
| Paisaje | | Macetas rectangulares, ovales, poco profundas; preferiblemente de barro y, de estar barnizadas, usar colores neutros. |

19

## Principios básicos de horticultura

El requisito más importante para obtener con éxito un bonsai es probablemente un sólido conocimiento de los principios horticulturales. Se debe conocer cómo los árboles y las plantas crecen para poder ser capaz de manipularlos de la forma más ventajosa. Gran parte de este conocimiento puede adquirirse experimentando y aprendiendo de los errores, pero los consejos y trucos de los expertos pueden ayudar mucho a evitar algunos de los tropiezos. Las explicaciones siguientes intentan servir de guía más que de reglas inmutables, y deben ser adaptadas a las condiciones particulares de cada aficionado. En otras palabras, se basan en su propio sentido común.

## Suelos para bonsai

El suelo para bonsai es un aspecto poco valorado, aunque posiblemente sea el aspecto horticultural más básico del bonsai. Algunas personas plantan su bonsai en suelo sacado directamente del jardín, mientras que en el polo opuesto están las personas que sólo usan medios artificiales.

El suelo ideal es una mezcla de ambos.

Está ampliamente aceptado por los jardineros de todo el mundo que el suelo demasiado pedregoso, arenoso, turboso, o arcilloso no es ideal para las plantas. El suelo franco-arenoso es generalmente considerado como el medio de plantación ideal, dado que tiene un buen drenaje, y al mismo tiempo tiene una gran capacidad de retención de agua. El suelo debe tener también suficiente humus para mantener los microorganismos, de importancia vital, y suficientes nutrientes para permitir un crecimiento sano de la planta.

La naturaleza general de estos requerimientos significa que su aplicación puede estar sujeta a una amplia interpretación. Esencialmente, un suelo adecuado para bonsai debería consistir en una mezcla bastante uniforme de tierra, turba y arena, con nutrientes incorporados. La importancia de un buen drenaje estriba en que las raíces requieren aire. La presencia de grava o arena en un substrato para bonsai asegura una buena aireación.

Un buen substrato, por tanto, debe estar bien equilibrado. Las proporciones de cada uno de los ingredientes básicos, sin embargo, variarán según sean las especies arbóreas utilizadas. Así, pinos y juníperos prosperarán bien en un substrato basado principalmente en la arena; rododendros y azaleas prefieren

## Suelos para bonsai

| TIPO | ESPECIE ARBÓREA | ARENA | TURBA | TIERRA |
|---|---|---|---|---|
| Mezcla general | La mayoría de variedades, particularmente, árboles jóvenes | 2 | 1 | 1 |
| Mezcla para pinos y juníperos | Pinos jóvenes y viejos | 4 | 1 | 0 |
| Mezcla para coníferas | Ciprés, criptomeria, y otras coníferas | 3 | 1 | 1 |
| Mezcla general para caducifolios | Árboles caducifolios en general | 2 | 1 | 1 |
| Mezcla para árboles de flor y de fruto | Árboles caducifolios de frutos y flores de interés; sauces, glicina | 1 | 1 | 2 |

La característica más impresionante de este pino negro *(Pinus thunbergii)* es su poderoso tronco. El árbol fue importado de Japón y se cree que tiene por lo menos 100 años. Su edad se refleja por su rugosa y resquebrajada corteza y por sus gruesas ramas. A pesar de su excelente estructura ramificada, el árbol se hizo crecer durante muchos años como un árbol silueta en el estilo erecto informal, por lo que la mayoría de las ramas llegaron a ser extremadamente dispersas. En los últimos siete años yo he abierto la estructura, de manera que las dos ramas inferiores son claramente visibles. Intento hacer lo mismo con las ramas superiores. El árbol tiene ahora 68 cm de altura y necesita ser cambiado de maceta cada cuatro o cinco años.

un substrato turboso, mientras que árboles de flor como glicina y manzano silvestre, prefieren mucha tierra.

La experimentación, seguida de la observación, es la mejor manera de descubrir qué substrato se adapta mejor a una especie concreta. En caso de duda, una buena receta básica consiste en partes iguales de turba, arena y tierra. Para mejorar el drenaje, aumentar la proporción de arena; en el caso de pinos y juníperos, la proporción de arena puede ser de hasta el 70-80 por ciento.

Todos los materiales ilustrados mejoran la capacidad de drenaje de los substratos para bonsai: (parte inferior izquierda) una mezcla de suelo típica para bonsai; (parte inferior derecha) agregado volcánico expandido; (parte superior derecha) arena de granito; (parte superior izquierda) arena.

# Fertilizantes

Todas las plantas requieren nutrientes para mantener un crecimiento saludable, y los bonsai no son una excepción. De hecho, dado que éstos crecen en un volumen muy limitado de suelo, incluso requieren más nutrientes que las plantas ordinarias. El secreto de abonar un bonsai es suministrar pequeñas cantidades de fertilizante a intervalos frecuentes, pero únicamente durante el período de crecimiento –usualmente desde principios de primavera a principios de otoño.

El requerimiento de fertilizante puede variar tremendamente entre las distintas especies. Los árboles perennifolios, por ejemplo, pueden ser abonados durante un período mucho más largo (principios de primavera a principios de invierno en la mayoría de los casos); los árboles caducifolios deben ser abonados sólo cuando poseen las hojas, usualmente desde el principio de primavera a mediados de otoño. Sin embargo, todas las variedades arbóreas deben ser abonadas con un fertilizante rico en nitrógeno durante la fase inicial de la estación de crecimiento y con un fertilizante bajo en nitrógeno y rico en potasio durante la última parte de la estación de crecimiento. Ésta es una regla fundamental que debe ser aplicada sin excepción.

Existen varias marcas de fertilizantes en el mercado de cada país y es innecesario hacer una lista exhaustiva por marcas de todos ellos. Todo lo que se necesita saber es que un fertilizante rico en nitrógeno, tal como 10:10:10, o incluso un fertilizante de tipo general como 7:7:7, es una buena fórmula para usarlo durante la primavera y el inicio del verano; por otra parte, un fertilizante rico en potasio, como 4:7:10 o 4:10:10 es más adecuado al final del verano y principios de otoño, ayudando a desarrollar una resistencia del árbol a las heladas del invierno. No es recomendable usar un fertilizante rico en nitrógeno para bonsai después de mediado el verano, ya que induce un crecimiento débil que, a su vez, reduce la capacidad del árbol para tolerar inviernos duros.

El fertilizante para rosa o tomate, que contiene potasio y magnesio, es ideal para especies de flor, dado que ayuda al establecimiento de las yemas de flores y frutos en los árboles. Este fertilizante debe ser aplicado a finales del verano o a principios de otoño.

Prácticamente cualquier tipo de fertilizante puede ser usado para bonsai, con la precaución de que la dosificación sea reducida. Como regla general, todos los fertilizantes deben ser usados a la mitad, o incluso a la cuarta parte, de la concentración recomendada por el fabricante.

Existen tres tipos básicos de fertilizante: de liberación lenta, granular o en polvo, y líquido. Los abonos de liberación lenta se incorporan en el suelo, y su uso permite prescindir de otros tipos de fertilizantes, aunque fertilizantes de rápida acción (como los usados por pulverización foliar) pueden actuar como suplemento del abono normal. Los abonos granulares o en polvo son esparcidos sobre la superficie del suelo, de manera que se distribuirán por el substrato a medida que el bonsai es regado. Los abonos líquidos deben ser diluídos con agua varias veces, para reducir su concentración. Nunca se

## Régimen de abonado de un bonsai

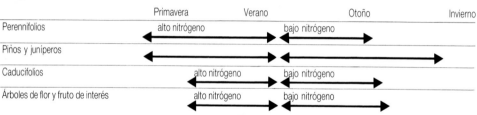

| | Primavera | Verano | Otoño | Invierno |
|---|---|---|---|---|
| Perennifolios | alto nitrógeno | bajo nitrógeno | | |
| Pinos y juníperos | | | | |
| Caducifolios | alto nitrógeno | bajo nitrógeno | | |
| Árboles de flor y fruto de interés | alto nitrógeno | bajo nitrógeno | | |

debe aplicar un abono líquido concentrado directamente. Cuando se riega con un abono líquido, es buena idea colocar el árbol en una gran bandeja que recogerá el líquido de drenaje de la maceta. El fertilizante recogido puede ser reutilizado.

Los fertilizantes químicos son empleados en todo tipo de plantas y no hay razones para que no deban ser usados con los bonsais. Sin embargo, algunos cultivadores aún prefieren usar semillas de colza y otros fertilizantes orgánicos, pero sus efectos no son tan seguros y consistentes como sus equivalentes de tipo inorgánico. Sin embargo, los fertilizantes orgánicos poseen una gran ventaja ya que liberan los nutrientes lentamente.

Es preferible abonar al final del día. Primero se empapa el suelo, luego se coloca el fertilizante sobre la superficie del suelo, y se riega.

## Riego

Puede resultar sorprendente el saber que el riego de un bonsai es una habilidad que requiere experiencia y se puede perfeccionar. No es una casualidad la aplicación de una manguera o una regadera a un árbol: la frecuencia y el horario son factores importantes.

El punto fundamental a recordar es que todos los bonsais deben ser regados regularmente. Esto no significa que se deba mantener el árbol continuamente humedecido, ni tampoco que sólo dependa de la lluvia. El árbol se debe dejar secar un cierto grado antes de ser regado de nuevo, pero nunca totalmente. Si se descuida el regar, especialmente durante la estación de crecimiento, el árbol podría sufrir un daño irreparable. Si el riego falta durante un solo día, las hojas pueden arrugarse. Esto se debe a la pequeñez de los recipientes utilizados para hacer crecer bonsais.

Durante la primavera y el otoño, los bonsai probablemente requerirán ser regados una vez al día al anochecer. Durante el pico del verano deben regarse dos veces al día por lo menos —al principio de la mañana y al anochecer—. Nunca se debe regar un bonsai a pleno sol al mediodía, ya que la combinación de gotas de agua y fuerte luz podría quemar las hojas. Durante el otoño y al principio del invierno, en que los árboles se encuentran a cubierto, se deben inspeccionar regularmente para estar seguros de que no se sequen completamente. No se debe regar en condiciones de helada; sin embargo, si el riego fuera necesario deberá hacerse por la mañana.

El agua de lluvia es ideal para el bonsai, pero normalmente no es posible almacenar la suficiente cantidad para regar todos los árboles cada vez. En general, el agua de grifo es la única alternativa práctica. Cuando sea posible se debe almacenar en grandes recipientes abiertos, para permitir que el cloro y otros aditivos gaseosos puedan escapar. Los viveros de bonsai tienden a usar aspersores automáticos para ahorrar tiempo de trabajo. El aficionado, sin embargo, debe usar los sistemas automáticos de aspersión con mucho cuidado, ya que no siempre son de fiar. Es mucho mejor pedir a un amigo o a un vecino de confianza que riegue los árboles cuando se ausente por algún tiempo. Algunos viveros de bonsai también pueden cuidar sus árboles por un precio razonable.

Usar una regadora o una manguera para regar su bonsai. A ser posible, usar agua de lluvia, aunque el agua del grifo también es adecuada. Yo he estado regando mis bonsais con agua del grifo durante años, y los árboles no parecen haber sufrido efecto adverso alguno.

## Localización

Visión de varios bonsais en un patio, mostrando cómo deben situarse para su exhibición. El área está expuesta a pleno sol durante todo el año, por lo que los árboles deben cambiarse de lugar con el tiempo para que el sol ilumine en todas las direcciones.

La colocación de un bonsai es otro factor importante para su desarrollo. Tal como menciono anteriormente, los bonsais no deben mantenerse en el interior, a menos que se esté cultivando una especie tropical en el hemisferio norte. Incluso en este caso, las condiciones de interior nunca serán ideales, ya que la mayoría de bonsais necesitan sol, aire fresco y lluvia para un crecimiento sano.

Existe mucha discusión sobre qué condiciones son mejores para el bonsai: si pleno sol o sombra. Básicamente, no existe una regla única: depende de la especie, y también de las condiciones climáticas locales. Los pinos y juníperos, por ejemplo, requieren mucho sol, mientras que los arces y otros árboles caducifolios prefieren una cierta sombra, que puede conseguirse colocándolos en una posición en la que reciban sol durante la mañana, pero que estén sombreados por la tarde. Las mallas de sombreado son usadas extensivamente en los trópicos para prevenir que las hojas resulten quemadas y para mantener las plantas frescas, y sirven como un sistema alternativo de sombreo en otras partes del mundo.

La protección invernal de los árboles es esencial en los lugares donde las temperaturas caen por debajo de −4°C. En tales circunstancias, es aconsejable proteger los árboles colocándolos en un invernadero fresco, o debajo de bancos cubiertos con láminas de vidrio o politeno. Las sequías y el viento frío son altamente perjudiciales para los bonsais helados, dado que pueden exacerbar los efectos del frío. Es aconsejable proteger las especies vulnerables como los arces tridente, colocando la maceta o el cepellón en un lecho profundo de turba de esfagno.

Un ejemplo de banquetas para bonsai que pueden hacerse fácilmente combinando ladrillos de hormigón huecos y maderas. Banquetas de diferente altura como éstas añaden interés a una colección de bonsais.

La resistencia de los bonsais depende de la variedad de árbol, y de las condiciones climáticas locales. En climas fríos las variedades autóctonas de árboles tendrán mayores posibilidades de sobrevivir durante el invierno, aunque la protección de un invernadero siempre es aconsejable.

Los árboles perennifolios se benefician generalmente de cierta exposición al frío; el exceso de protección de pinos y juníperos, por ejemplo, inducirá un crecimiento débil.

En climas muy fríos, donde las temperaturas en invierno pueden ser inferiores a −10°C, las especies más tiernas, como el arce tridente y los granados, deben ser vernalizados en cobertizos o bodegas de ambiente fresco y seco. La luz no es esencial para las especies caducifolias, pero las perennifolias nunca deben ser colocadas en lugares oscuros durante más de dos semanas seguidas, o se volverán amarillentas.

Periódicamente se deben comprobar los cepellones de los árboles para estar seguros de que el suelo no se ha secado completamente −éstos deberían estar siempre ligeramente humedecidos−.

En los climas mediterráneo y tropical, la protección invernal de los árboles no es necesaria. Sin embargo, algunas especies necesitan condiciones de frío para inducir el reposo o dormición y para permitir que los árboles puedan perder las hojas, o para producir flores y frutos. Si los arces japoneses, manzanos silvestres, alerce y haya no tienen condiciones de frío, serán incapaces de completar sus ciclos naturales de crecimiento, y en poco tiempo se debilitarán y morirán. Muchos entusiastas del bonsai de California, o de países mediterráneos tratan a sus árboles con un período de reposo artificial, almacenándolos en una cámara fría. Sólo de esta manera se puede inducir en algunos árboles la floración y la fructificación. Sin embargo, buenos colores otoñales no se pueden conseguir fácilmente por medios artificiales. Es posible que sometiendo los árboles a un tratamiento de frío se podría conseguir.

## Insecticidas

Las plagas de insectos son un problema tan importante para el cultivador de bonsais como para el cultivador de rosas o crisantemos. No existe ninguna mística en el uso de insecticidas en el bonsai. La mayoría de insecticidas usados en jardinería son adecuados y el pequeño tamaño de los bonsais favorece de hecho el control de las plagas. Se debe usar una dosis ligeramente inferior a la recomendada por el fabricante de cualquier insecticida, para tener un margen de seguridad.

El *malation* es adecuado para el control de áfidos. También es útil para controlar muchas otras plagas, incluyendo orugas, pulgón y otros insectos. El *metasistox* es particularmente efectivo si el pulgón llega a ser un problema persistente (especialmente es árboles como el junípero de aguja). *GammaBHC* es otro buen insecticida de amplio espectro, que controla muchos escarabajos y gorgojos. Los insecticidas que contienen fenitrotion son efectivos para controlar muchas larvas de mariposa.

Se debe aplicar insecticida una vez que la plaga ha aparecido; no es una estrategia adecuada usarlos como repelentes, ya que pueden tener efectos dañinos duraderos en el suelo del bonsai.

Rociar siempre al principio de la noche, después de la puesta del sol. Nunca rociar al final de la mañana o al principio de la tarde, ya que el sol sobre las gotas del líquido insecticida podría quemar y arrugar las hojas de los árboles. Si fuera necesario rociar las hojas nuevas, usar insecticida a la mitad de la dosis recomendada, o incluso menos. Evitar usar insecticidas de forma sistemática ya que pueden tener un efecto perjudicial a largo plazo en el bonsai.

## Fungicidas

Especies como arce, haya, alerce, criptomeria, sequoia, y algunos pinos tienden a sufrir infecciones de mildiu y moho. Condiciones de humedad y de poca ventilación en invernaderos pueden ser la causa, especialmente al final de la primavera y principio del verano. Cualquier marca de fungicida que contenga Captan, Benomil, Zineb y Maneb es efectiva para controlar al mildiu y mohos. Al igual que antes, se aconseja usar una solución más diluída de la recomendada, independientemente de la marca. A diferencia de los insecticidas, los fungicidas pueden rociarse a intervalos de tiempo regulares como medida de prevención. Si aparece alguna enfermedad, inmediatamente rociar los árboles con fungicidas.

## Herbicidas

Los herbicidas no son tan usados por el aficionado al bonsai ya que las malas hierbas no son un problema molesto. Sin embargo, en los viveros comerciales los herbicidas son de agradecer, ya que su uso puede ahorrar muchas horas de trabajo.

Muchos entusiastas del bonsai muestran sus árboles sobre bancos, sobre un suelo embaldosado o cubierto de piedras. Los herbicidas son muy útiles para mantener estas áreas libres de malas hierbas. La simazina es un herbicida de preemergencia, es decir previene el crecimiento de las plántulas jóvenes de malas hierbas anuales.

Si cultivamos árboles de vivero en suelo abierto, la propazimida matará la mayoría de malas hierbas anuales, incluyendo gramíneas y grama. Si se desea despejar un trozo de terreno antes de plantar, el glifosato aplicado al principio del otoño o de la primavera asegura que el terreno estará limpio antes de plantar.

Las malas hierbas anuales y perennes pueden controlarse durante la estación de crecimiento mediante la aplicación de paraquat, que evitará el crecimiento vegetativo de la parte aérea de las malas hierbas. El paraquat es venenoso y debe ser manejado con cuidado. Se debe colocar siempre una cubierta sobre la salida del pulverizador de forma que se pueda dirigir el herbicida con precisión y evitar que se deposite sobre otras plantas.

Al aplicar herbicida se deben usar guantes, protectores de ojos y una máscara respiratoria. Nunca se debe aplicar herbicida en el suelo de macetas que contengan un bonsai, en este caso se deben eliminar las malas hierbas a mano.

## Árboles adecuados para bonsai

| Nombre botánico | Nombre común |
|---|---|
| *Abies*, especies | Abeto |
| *Acer buergerianum* | Arce tridente |
| *Acer campestre* | Arce de campo |
| *Acer japonicum* | Arce japonés |
| *Acer palmatum* | Arce japonés de montaña |
| *Alnus*, especies | Aliso |
| Azalea | (Diferentes variedades) |
| *Berberis*, especies | Agracejo |
| *Betula*, especies | Abedul |
| *Buxus*, especies | Boj |
| *Camellia*, especies | Camelia |
| *Caragana*, especies | Árbol guisante |
| *Carpinus*, especies | Carpe |
| *Cedrus*, especies | Cedro |
| *Cercis siliquastrum* | Árbol de Judea |
| *Chaenomeles*, variedades | Membrillero de flor |
| *Chamaecyparis*, especies | Falso ciprés |
| *Chamaecyparis obtusa* | Ciprés Hinoki |
| *Cotoneaster*, especies | Cotoneaster |
| *Crataegus*, especies | Espino blanco |
| *Cryptomeria*, especies | Criptomeria |
| *Cydonia* | Membrillero |
| *Euonymus* | Bonetero |
| *Fagus*, especies | Haya |
| *Fraxinus*, especies | Fresno |
| *Ginkgo* | Ginkgo |
| *Hedera*, especies | Hiedra |
| *Jasminum*, especies | Jazmín |
| *Juniperus*, especies | Juníperos |
| *Laburnum*, especies | Laburno, Lluvia de oro |
| *Larix*, especies | Alerce |
| *Lespedeza* | Trébol arbustivo |
| *Magnolia*, especies | Magnolia |
| *Malus*, especies | Manzano silvestre y manzano |
| *Metasequoia glyptostroboides* | Sequoia |
| *Nothofagus*, especies | Haya del sur |
| *Picea*, especies | Pícea |
| *Pinus*, especies | Pino |
| *Pinus parviflora* | Pino blanco japonés |
| *Pinus sylvestris* | Pino silvestre |
| *Pinus thunbergii* | Pino negro japonés |
| *Potentilla*, especies | Quinquefolio |
| *Prunus*, especies y cultivares | Cerezos en flor |
| *Prunus persica* | Melocotonero |
| *Punica*, cultivares | Granado |
| *Pyracantha* | Piracanta |
| *Pyrus*, especies | Pera |
| *Quercus*, especies | Roble |
| *Rhododendron* | Rododendro |
| *Salix*, especies | Sauce |
| *Sequoiadendron* | Sequoia gigante |
| *Stewartia* | Seudo-camelia |
| *Taxodium distichum* | Taxodio |
| *Taxus*, especies | Tejo |
| *Ulmus*, especies | Olmo |
| *Viburnum*, especies | Viburno |
| *Vitex*, especies | Agnocasto |
| *Vitis*, especies | Vid |
| *Wisteria*, especies | Glicina |
| *Zelkova*, especies | Olmo japonés de corteza gris |

# 2

## Comienzos humildes: crecimiento a partir de semillas y esquejes

Muchos aficionados tienden a desestimar la utilización de semillas y esquejes como fuentes potenciales de bonsais porque piensan que cultivar árboles usando estos métodos sería un proceso penosamente lento y no merecerían la pena ni el tiempo ni el esfuerzo dedicados. Aunque puede haber algo de cierto en esta actitud, sin embargo, en mi opinión se trata de una actitud errónea. De hecho, cultivar bonsais a partir de semillas o esquejes puede resultar muy satisfactorio, y no tiene por qué ser necesariamente lento. Ciertos tipos de árboles como el olmo japonés de corteza gris, olmos chinos y alerces crecen tan vigorosamente que, a partir de una semilla, pueden alcanzar de 1 a 1,2 metros en un par de años; igualmente, sus troncos pueden engrosarse muy rápidamente.

Se pueden crear atractivos bonsais partiendo de semillas en un tiempo relativamente corto aplicando las técnicas correctas; porque, generalmente, la tasa de desarrollo de las plántulas y esquejes viene determinada por la manera en que son cultivados. Si se dan las condiciones de crecimiento correctas, una plántula puede parecer más adulta de lo que realmente es: una plántula de dos o tres años, por ejemplo, puede convertirse fácilmente en un bonsai aceptable con un mínimo de modelado y alambrado.

Un típico lecho de esquejes en un vivero comercial: los armazones acristalados, o tragaluces holandeses, protegen a los esquejes del mal tiempo.

## Semillas

Los métodos comúnmente usados para hacer germinar semillas son dos: en cubetas o bandejas, y en lechos de tierra descubiertos. Cada método tiene sus ventajas: mientras que las bandejas pueden ser cómodas y fáciles de manejar, los lechos descubiertos son más indicados para cultivar plántulas de árboles ya que se las puede dejar crecer en el lecho durante un año antes de transplantarlas. Además, las plántulas de árbol se desarrollan más rápida y vigorosamente en las condiciones de un lecho descubierto. Asumiendo que las semillas adquiridas son viables (es decir, son recientes o han sido conservadas

adecuadamente), el tratamiento que reciban antes de la siembra es una parte vital del proceso global. Para algunas semillas resulta beneficioso el uso, antes de la siembra, de tratamientos que las estimulen a salir de su letargo, mientras que no es necesario para otras. Se ha investigado mucho sobre esta cuestión, pero todo lo que el aficionado al bonsai debe saber es qué tipos de semillas de árboles necesitan algún tratamiento previo a la siembra: por ejemplo, los alerces, pino negro japonés y olmo japonés de corteza gris no suelen necesitar tratamiento previo alguno, mientras que otras semillas no germinan si no han sido tratadas. Este tratamiento antes de la siembra es un proceso de enfriamiento, y se llama estratificación.

Las de semillas de árboles para bonsais que requieren estratificación se hallan en la tabla de las páginas 42 y 43.

## Estratificación

La estratificación se puede realizar en la forma tradicional exponiendo las semillas a la intemperie, o usando métodos más modernos como un refrigerador o un congelador (ambos métodos tienen la misma eficacia). Para estratificar semillas en la manera tradicional, simplemente se deben mezclar con arena fina, o con un abono adecuado para la siempre de semillas, y poner la mezcla en una maceta con un buen drenaje.

Un paquete de unas 50 semillas cabe perfectamente en una maceta de 13 cm, así, en los viveros comerciales se mezclan grandes cantidades de semillas con arena fina y se colocan en grandes macetas de arcilla.

Nunca se insistirá bastante en la importancia de un buen drenaje; porque si el drenaje no es suficinte, las semillas se pudrirán.

Las macetas preparadas con las semillas deben dejarse al aire libre a partir

Para estratificar semillas, hay que sembrarlas entre capas de arena en una maceta de barro. Dejar la maceta al exterior durante el invierno; la alternancia de la congelación y descongelación causará que las duras capas externas se expandan y contraigan, y con ello se producirá la rotura de las semillas. En este momento, las semillas se sembrarán inmediatamente. Las variedades más difíciles, como el pino blanco japonés y el espino blanco, pueden dejarse hasta dos años.

del inicio del invierno. Deben permanecer tal cual, expuestas a la lluvia, el frío o la nieve, durante todo el invierno y en el momento que finalice ya pueden ser inspeccionadas. En esa época las semillas tienen que haberse hinchado y estarán listas para la siembra.

Las semillas estratificadas pueden sembrarse tanto en bandejas como en lechos descubiertos. Las semillas deben ser cubiertas con una capa de arena fina o arenisca de unos 6 mm, lo cual impedirá que las semillas sean arrastradas por el viento o el agua, y evitará igualmente que los pájaros y los ratones se las coman.

La estratificación en un congelador es mucho más simple; y también menos sucia. Las semillas deben colocarse en el congelador dentro de una bolsa de plástico durante dos o tres semanas; preferentemente a finales del invierno. Posteriormente deben sembrarse de inmediato en bandejas, macetas o lechos descubiertos al final del invierno o principio de la primavera.

Un tercer método de estratificación se basa en el uso de un frigorífico. En este caso, la semilla ha de ponerse en remojo en agua durante una noche y después ha de colocarse en una bolsa de plástico. Se cierra fuertemente la bolsa y se coloca en un estante inferior del frigorífico. Durante un período de unas cuatro semanas se irá desplazando la bolsa desde la parte menos fría a la más fría del frigorífico, en la parte superior (generalmente cerca de los serpentines refrigerantes). Al final de este período las semillas deberían haberse hinchado lo suficiente como para interrumpir su letargo y estar listas para la siembra.

Las variedades de semillas a las que la estratificación les resulta más provechosa son: pino blanco japonés, píceas, arce japonés, arce tridente, espino blanco, aliso, arce de campo, carpe (variedades de *Carpinus*), membrillero, especies y variedades de cotoneaster, manzanos silvestres (variedades de *Malus*), y hayas.

Si la tasa de germinación ha sido pobre (menos de la mitad), y si las semillas eran inicialmente viables, es probable que el período de estratificación no haya sido suficientemente largo y, en estos casos muchas de las semillas deben dejarse tal como están hasta la siguiente primavera.

## Bandejas de semillas y lechos descubiertos

Según mi experiencia, las semillas sembradas en lechos descubiertos tienden a crecer más rápidamente que las sembradas en bandejas. Además, no es necesario replantar las plántulas en macetas individuales durante la primera estación de crecimiento.

Las semillas que han sido sembradas en una bandeja tienden a cubrir su entorno muy rápidamente, luego les resulta beneficioso el transplante a macetas individuales. Lo mejor es hacerlo dos o tres meses después de la germinación, cuando las semillas han desarrollado tres o cuatro grupos de hojas.

Las plántulas que han crecido en lechos descubiertos pueden ser transplantadas durante el segundo año, y continuar creciendo en lechos mayores. Las raíces principales pueden ser eliminadas ya que ésto suele estimular un mejor sistema radicular secundario. De hecho, todas las raíces serán favorecidas por un ligero recorte en este período. Independientemente del método utilizado, todas las plántulas deberán ser nutridas con un fertilizante adecuado durante la estación de crecimiento.

Antes de sembrar las semillas en lechos descubiertos es absolutamente esencial esterilizar el suelo. El mejor momento para empezar la esterilización de una porción de terreno baldío es a principios del otoño. Primero se cava el suelo y luego se remueve. Usar un esterilizador de suelo apropiado a base de "dazomet" para tratar el suelo, y después se cubre la superficie con láminas resistentes de politeno durante dos o tres meses. Justo antes de sembrar, se coje parte del suelo tratado y se pone en un tarro de mermelada limpio. Se añaden unas cuantas semillas frescas de berro al tarro. Si germinan, el suelo está listo para su uso. Si no, se debe esperar un poco más y repetir el test.

La anchura ideal para un lecho de semillas es de 90-110 cm. Debe estar situado en una posición medianamente soleada lejos de árboles o setos. Para preparar el lecho cavar hasta obtener una tierra fina y suelta, mezclar arena fina con el suelo, añadir esterilizante, cubrir el lecho y dejarlo durante dos o tres meses. Pruebe con el suelo a principios de la primavera. Si está listo, diseminar las semillas uniformemente y cubrirlas con una capa de 6 mm de arena fina y arenisca.

Estas plántulas de alerce han crecido hasta una altura de 46-60 cm en dos años. Las semillas crecieron en un lecho durante el primer año, después fueron desenterradas, se recortaron las raíces principales para estimular el desarrollo de las raíces laterales, y fueron replantadas en otro lecho con una separación entre ellas de unos 10 a 13 cm. Fueron intensamente nutridas con un abono rico en nitrógeno durante la estación de crecimiento, y las partes aéreas no se tocaron.

31

Este esqueje de junípero chino *(Juniperus chinensis)* de tres años de edad está siendo adaptado al estilo de tronco doble. Las ramas han sido alambradas hacia abajo para estimular el crecimiento de las masas foliares; todas las ramas se mantienen separadas, y no se les permite crecer en el espacio entre los troncos.

## Esquejes

La propagación por esquejes es quizás el método más utilizado para cultivar plantas y semillas. Su mayor mérito es, desde luego, el hecho de que las plantas obtenidas de esta manera son clones idénticos a sus padres. Sin embargo también tienen algunas pequeñas desventajas: los esquejes no son siempre tan vigorosos como las plántulas y las

raíces pueden crecer, a veces, ladeadas.

La mayoría de esquejes responden bien al abonado y deberían dar lugar a plantas bastante vigorosas en un tiempo relativamente corto. Algunas variedades de árboles, como el sauce y el granado, se pueden propagar a partir de esquejes bastante gruesos y viejos: ramas de hasta 10-13 cm pueden llegar a sacar raíces.

## Métodos para la obtención de esquejes

Hay tres métodos básicos para obtener esquejes: material tierno; material semiduro, o semimaduro; y material duro, o maduro.

Los esquejes tiernos pueden enraizar durante el principio de la estación de crecimiento si se usa material fresco obtenido en esa misma estación, el cual aún es verde y está poco lignificado. Lo mejor es usar los extremos de tallos que están en crecimiento, e idealmente un fragmento con tres o cuatro entrenudos.

Es imposible especificar la longitud exacta del esqueje ideal, ya que diferentes plantas tienen diferentes espaciados internodales: por ejemplo, un arce tridente, o japonés, puede tener un espacio entre nudos de aproximadamente 5 cm, mientras que una azalea enana puede tener una longitud entre nudos de sólo 6 mm. Un esqueje de arce tridente, por tanto, puede tener de 10-13 cm, mientras que un esqueje de azalea enana puede llegar a tener tan sólo 12-19 mm. Por tanto es obvio que no hay reglas estrictas y sencillas respecto a la longitud de los esquejes.

Los esquejes tiernos suelen ser esquejes nodales, mientras que los semimaduros pueden tener un "talón" o no tenerlo. Un esqueje nodal se obtiene cortando limpiamente el material a nivel de la unión nodal, mientras que un esqueje con talón se arranca de la rama principal de la planta madre. En ambos casos, se deben eliminar las hojas inferiores y colocar el esqueje en polvo de hormonas enraizantes, o en líquido enraizante. Posteriormente se inserta el esqueje en una badeja o en una maceta poco profunda, llena con un medio de enraizamiento apropiado. Éste puede ser turba pura, una mezcla a partes iguales de turba y arena fina, bolas de poliestireno expandido, lana de roca o un agregado volcánico expandido.

El secreto del éxito en la obtención de esquejes es mantener la transpiración de las hojas al mínimo. Por esto es importante cubrir los esquejes con una cubierta propagadora, o con una película de plástico muy delgada. Los cultivadores comerciales usan aspersores, tanto para obtener una atmósfera húmeda como para reducir la transpiración. El calentamiento de substrato ayuda a acelerar el proceso de enraizamiento, aunque no es absolutamente esencial.

Las variedades de árboles que enraizan mejor a partir de esquejes tiernos son: arce tridente, todas las variedades de arce japonés (incluidos los arces rojos), todas las diferentes variedades de olmos, granados, olmo japonés de corteza gris, azaleas y rododendros.

Los esquejes tiernos pueden enraizar en tan sólo 7 a 10 días. Si los esquejes se obtienen al final de la primavera o inicio del verano, deben haber enraizado en un mes. Los esquejes enraizados se pueden sacar cuidadosamente de las bandejas y poner en macetas individuales de 8 cm para continuar su crecimiento.

Los arces tridente producen un excelente material para esquejes. **Arriba:** Elegir un árbol joven que esté creciendo bien y esté sano. Seleccionar un fragmento con muchos tallos laterales y, a ser posible, con entrenudos cortos. **Derecha:** Cuando se toma un esqueje nodal, es esencial usar una herramienta afilada, como unas tijeras japonesas, o un bisturí. Esterilizar las herramientas cada vez que se usen, de manera que no hay peligro de transmitir enfermedades de un esqueje a otro.

**Arriba:** Un esqueje con talón debe tener idealmente unos 10-13 cm de largo, con unos 4 nudos. Arrancar el material para esqueje del final de la rama principal, dejando el talón intacto, al principio de la mañana o al final de la tarde. Plantar inmediatamente, o colocar en una bolsa de plástico herméticamente cerrada.

## Esquejes semimaduros

El proceso anterior es casi idéntico para los esquejes semimaduros. Se pueden usar tanto esquejes nodales como de talón, aunque los últimos suelen tener más éxito. Los líquidos o polvos de enraizamiento generalmente ayudan a mejorar la tasa de enraizamiento, pero el éxito depende mucho de la variedad que estamos propagando. La mayoría de los juníperos, por ejemplo, no necesitan hormonas de enraizamiento, mientras que los pinos negros japoneses necesitan fuertes dosis de hormonas de enraizamiento.

Los esquejes semimaduros sólo pueden obtenerse a mediados del verano cuando los nuevos tallos están empezando a endurecerse. Las coníferas de hoja perenne enraizan mejor a partir de esquejes leñosos semimaduros de 5-10 cm de largo, y pueden obtenerse tanto a principio como a mitad del verano. Sin embargo, los juníperos son la excepción a esta regla, ya que también se pueden usar pequeños esquejes ya totalmente endurecidos, en cuyo caso pueden enraizar durante el otoño y principios de la primavera. Idealmente, los esquejes semimaduros deben ser ramas delgadas. Una vez han enraizado pueden plantarse en macetas individuales de 8 cm al final del verano para continuar su crecimiento. Si los esquejes se obtienen al final del verano, no deben manipularse hasta la siguiente primavera o verano; de lo contrario se pueden romper las raíces, o incluso matar la joven planta.

## Esquejes leñosos

Al igual que los esquejes semimaduros, los esquejes leñosos es mejor obtenerlos con talón; pero mientras que los esquejes semimaduros se obtienen en verano, los leñosos se obtienen en otoño. Ambos tipos se propagan mejor sin calentar la parte inferior.

Los viveros comerciales enraizan esquejes leñosos y semimaduros en armazones acristalados o tragaluces

Se pueden obtener esquejes de la mayoría de plantas perennes prácticamente en cualquier época del año; los esquejes con talón, sin embargo, suelen tener más éxito que los esquejes nodales. Deben tener 5-10 cm de largo, y la madera debe ser semiendurecida.

Los esquejes pueden plantarse en lechos descubiertos con una alta proporción de arena, pero las bandejas son más fáciles de manejar. No abonar hasta que las raíces estén totalmente desarrolladas, y mantener los esquejes en un invernadero fresco durante seis meses.

holandeses (armazón con vidrio colocado en un soporte de ladrillos o de madera). Durante el verano las cubiertas de estos armazones son sombreadas con materiales como esterillas de caña, para evitar que los esquejes sean quemados o abrasados por el sol, y para mantenerlos frescos. Todos los tipos de esquejes deben ser regados regularmente. Las raíces pueden aparecer en tan sólo dos semanas. Una vez que los esquejes han sacado raíces, se puede dejar entrar gradualmente más luz para acelerar su crecimiento.

Los lechos de propagación deben

Después de los primeros meses, poner los esquejes de plantas perennes en macetas individuales, y abonar fuertemente. El segundo año, plantar en un lecho descubierto, seguir abonando, y pulverizar si aparecen insectos nocivos. **Arriba:** Este junípero chino de dos años de edad es una materia prima ideal para un bonsai. **Izquierda:** Una plántula de 18 cm de dos años adaptada al estilo de tronco doble. El alambrado forzará los troncos y ramas.

prepararse un par de meses antes de su uso, de la misma manera que los lechos de semillas, esterilizando el suelo con alguno de los esterilizantes comerciales. Esto matará las semillas y raíces de las malas hierbas, que están aletargadas en el lecho, asegurando así que los esquejes crezcan sin impedimentos. El suelo esterilizado debe mezclarse con arena gruesa, o fina para proporcionar un buen drenaje, y asegurar una mezcla porosa. No es necesario usar calefacción en los lechos de esquejes.

No muchas variedades de árboles usados para bonsai pueden propagarse con éxito a partir de esquejes leñosos, con la excepción de árboles caducifolios como álamos, chopos o sauces. Estos últimos sacan raíces tan rápidamente que se pueden obtener esquejes muy gruesos en cualquier época del año, aunque la primavera y el verano son las mejores épocas. Los olmos japoneses de corteza gris, olmos chinos y arces tridente pueden enraizar al principio de la primavera a partir de esquejes leñosos de hasta 13 mm de grosor; sin embargo se debe calentar el substrato.

Un olmo japonés de corteza gris (*Zelkova*) de ocho años de edad, desarrollado a partir de la plántula que se muestra en la página de enfrente (arriba), y adaptado al estilo escoba.

## Desarrollo de un bonsai a partir de plántulas y esquejes

Producir plántulas y esquejes es sólo una parte diminuta, aunque importante, del proceso total de un bonsai. Después de todo, las plántulas y esquejes son la materia prima que requieren una adaptación antes de poder ser considerados como un bonsai.

Una de las primeras decisiones que se debe tomar concierne a las dimensiones del bonsai que se pretende crear: la altura y el grosor del tronco del árbol determinarán la manera en que se debe desarrollar la plántula o esqueje.

Esquejes o plántulas de dos o tres años de edad producen buenos bonsais pequeños: seguramente no serán mayores de 20-23 cm con troncos de 6 a 13 mm. El tamaño del tronco depende de la variedad, y también de cómo se ha cultivado el árbol. Los esquejes y plántulas que han crecido en suelo abierto tendrán troncos más gruesos que los de bandejas de semillas, aunque las plántulas y esquejes que han sido transplantados progresivamente a macetas mayores, pueden alcanzar el mismo vigor.

Los arces tridente, olmos chinos, y olmos japoneses de corteza gris son variedades particularmente vigorosas, y si se dejan crecer tranquilamente a campo descubierto con mucha luz, abono y agua, pueden desarrollar troncos de hasta 50 mm o más y una altura de 3 a 3,7 m en cinco años.

## Técnicas para el
## desarrollo del bonsai

Mucha gente se inicia en el bonsai a través de lotes de semillas para bonsai atractivamente empaquetados que contienen algunas semillas de árbol y una pequeña maceta con suelo.

Los lotes de semillas pueden ser una diversión, y si las semillas son viables, una buena proporción puede germinar y llegar a ser un material potencial de bonsai.

Sin embargo, desarrollar semillas con éxito es sólo el primer paso hasta conseguir un bonsai; las plántulas necesitan ser convenientemente adaptadas y moldeadas si deben llegar a ser árboles artísticos; si se deja que las plántulas se desarrollen sin ninguna adaptación, acaban siendo un material ordinario de vivero.

No es sorprendente, por tanto, que la mayoría de los principiantes no sepan cómo proceder una vez que las plántulas han germinado, lo que lleva al desencanto y, a menudo, al abandono del bonsai como afición.

Hay dos maneras básicas de desarrollar un bonsai a partir de plántulas y de esquejes.

La primera es un método antiguo que ha sido practicado por los chinos durante siglos. Se conoce como el método de "cortar y dejar crecer", y conlleva cortes y recortes constantes hasta que se consigue la forma deseada.

El segundo método se ha desarrollado más recientemente y conlleva la utilización del alambre para forzar al árbol a adoptar la forma deseada.

El olmo japonés de corteza gris es una de las variedades de árboles para bonsai más populares y es verdaderamente una de las que germinan más fácilmente. **Arriba** y **abajo**: Estas plántulas de dos años de edad tienen aproximadamente 20 cm de alto e ilustran las dos variantes del estilo escoba.

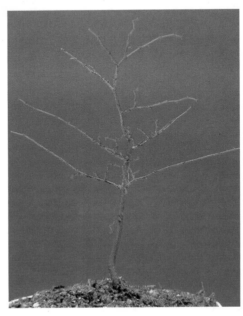

# Método de cortar
## y dejar crecer

Se debe permitir a las plántulas recién germinadas, o a los esquejes recién enraizados, que crezcan fuertemente durante los dos primeros años, de manera que los troncos puedan engrosarse. Algunos cultivadores de bonsai en Japón examinan meticulosamente las raíces de las plantas jóvenes, extrayendo la raíz principal y cualquier raíz lateral vigorosa para asegurar que se desarrolle un buen sistema radicular radial desde el principio. El aficionado puede desear hacer lo mismo, pero en esta fase la prioridad es estimular el crecimiento vigoroso de las plántulas.

Las plántulas deben crecer en lechos de vivero especialmente preparados (ver pág. 31) o en una maceta. Deben ser abonadas intensamente en la estación de crecimiento durante los dos primeros años. Si las plantas jóvenes han sido bien cultivadas deben alcanzar una altura entre 30 y 90 cm, dependiendo de la especie: los arces, por ejemplo, pueden crecer hasta 46 cm en dos años, mientras que las zelkovas y los olmos chinos pueden alcanzar una altura de 90 cm en dos años, a partir de la semilla. Sin embargo, el objetivo no es dejar que los árboles crezcan excesivamente, sino desarrollar árboles pequeños y compactos de manera que el grosor del tronco esté en proporción al bonsai acabado. El mejor momento para empezar la adaptación de un árbol joven es hacia los dos años de edad. Si es algo más joven el árbol no se habrá desarrollado suficientemente y si es más viejo el tronco puede ser ya demasido rígido para ser moldeado. Cuando una plántula ha alcanzado la altura y grosor de tronco deseados, debe extraerse del suelo y colocarse en una maceta o en una bandeja pequeña. Las plántulas pueden colocarse solas, en parejas, o incluso hasta 3 o 5 en cada maceta. El substrato usado para plántulas jóvenes no es particularmente importante siempre que esté bien drenado, ya que la nutrición principal de las plantas la proporcionarán los fertilizantes.

La mayoría de los esquejes se obtienen cuando son pequeños y delgados, con la excepción de variedades como los sauces y granados. Este esqueje de sauce de 18 cm de grosor era de un tronco. Se plantó en la primavera en una maceta de arena fina y colocado en una badeja plana con agua. Se transplantó a otra maceta con substrato a los tres meses, y sólo fue nutrida cuando las raíces estaban bien establecidas.

Después de replantar las plántulas, se deben dejar crecer tranquilamente durante un año, aumentando su altura y el grosor del tronco. En la primavera del año siguiente se deben recortar las plántulas jóvenes a la mitad de su tamaño natural conservando sólo uno o dos nudos del crecimiento de la actual estación. Después de esta poda drástica, se deja crecer el árbol sin restricciones otro año: se desarrollará una nueva yema principal, junto con algunas nuevas ramas laterales.

En la primavera siguiente (es decir, en el quinto año) se repite el proceso cortando todo el crecimiento de las estaciones anteriores a excepción de dos o tres nudos. Si han crecido ramas laterales también deben ser recortadas para estimular un desarrollo denso y espeso de las ramas. En esta etapa, el árbol debe ser desenterrado, las raíces deben ser

Este esqueje, obtenido de un sauce llorón hace tres años, tiene ya un tronco de 15 cm de diámetro, y por tanto está en el camino de llegar a ser un magnífico bonsai.

Mediante la toma de una rama de un árbol desarrollado, este esqueje de zelkova inició su vida con madera que ya tenía cuatro años de edad. Se propagó mediante calentamiento del suelo y enraizó en unas seis semanas. Cuatro meses después es un aceptable bonsai pequeño.

podadas, y el árbol replantado en la maceta de adaptación o en la bandeja.

Este proceso de cortar todo lo que ha crecido dejando sólo dos o tres nudos del crecimiento de la estación en curso debe repetirse cada año hasta que el árbol tenga aproximadamente de 8 a 10 años. Las raíces sólo deben ser podadas en años alternos. Para entonces, el joven arbolillo debe haber alcanzado una agradable forma cónica y también un tronco de buen tamaño.

Usando este método para adaptar semillas y esquejes, la mayoría de los bonsais deben alcanzar una altura de unos 30 a 38 cm y un diámetro de 25 a 48 mm. "Cortar y dejar crecer" es sin duda un proceso tedioso, pero se consiguen bonsais bien formados y muy finos. Existen desde luego, formas más rápidas de desarrollar árboles con troncos mucho más gruesos, como se explica en capítulos posteriores.

Es extremadamente satisfactorio, sin embargo, ser el creador de bonsais que ha moldeado personalmente.

## Método de alambrado

Al igual que con el método de "cortar y dejar crecer", se debe empezar con plántulas y esquejes de 2 años de edad. Se deben recortar las raíces de nuevo antes de colocarlas en las macetas de adaptación, o de plantarlas en un lecho de crecimiento. El proceso más importante es, sin embargo, el alambrado del tronco en una ligera curva en "S". Esta es una operación absolutamente crucial ya que determina la forma final del árbol para el resto de la vida del bonsai

(ver págs. 84-85). Una vez que el árbol está alambrado puede ser replantado en el suelo o en una maceta grande, y se le puede dejar durante los dos años siguientes. Durante estos dos años (el tercer y cuarto año de crecimiento) la única adaptación que se necesita es un pinzado constante de modo que las ramas formen densas ramificaciones, concentrando todos los procesos (es decir, el crecimiento celular) en el tronco principal. Como resultado de esto, el tronco se engrosará y al final del período de dos años se podrá extraer el árbol para el podado de las raíces y un nuevo cambio de maceta.

Las raíces deben recortarse de manera que su longitud sea uniforme y se distribuyan radialmente. No hace falta seleccionar las ramas laterales que conservaremos, ya que esto puede realizarse en un estadio posterior. El principal objetivo durante el período de crecimiento inicial es estimular la formación de un gran número de ramas densamente distribuidas a lo largo del tronco mediante el pinzado constante de sus puntas. Después de los dos primeros años de adaptación se debe retirar el alambre para evitar que marque excesivamente al árbol. Las ramas más largas deben ser recortadas de nuevo. Si se detienen los extremos en crecimiento se estimulará la formación de tallos laterales. A su vez, si se impide el crecimiento de tallos laterales, nuevos tallos laterales se formarán a partir de éstos estimulando, por tanto, la formación de un crecimiento denso y ramificado. Se deben podar las raíces del árbol y replantarlo a partir del cuarto año. Se debe dejar crecer libremente el árbol, con excepción del pinzado constante, durante el quinto y sexto año. Tras el sexto año deben volverse a podar las raíces y volver a plantar el árbol –ya sea en una maceta de adaptación, o en una propia de bonsai–. Alrededor del séptimo año se deben elegir las ramas para el diseño final del bonsai y las no seleccionadas deben ser eliminadas. La detención y pinzado constante de las ramas restantes deberá producir una densa y diversificada formación de ramas, y para cuando el árbol tenga ocho años tendrá ya todo el aspecto de un bonsai.

**Derecha:** Una plántula de cuatro años de edad de alerce japonés *(Larix kaempferi)* que ha crecido en un lecho descubierto. Con una altura de 1 m y con un diámetro de tronco de 19 mm está listo para ser moldeado como bonsai. **Arriba:** Una hora después, la plántula ha sido transformada: los 30 cm superiores han sido eliminados; una rama lateral se ha convertido en la nueva rama principal y el tronco ha sido alambrado con ramas espaciadas regularmente dándole al árbol una forma cónica.

Desarrollado a partir de semilla, este alerce tiene tan sólo 15 años, una altura de 43 cm y 5 cm de tronco. El notable efecto de tronco seco se ha creado arrancando la corteza del tronco. La maceta de barro oval se eligió para producir un contraste entre su colorido suave y el rugoso aspecto del árbol.

## Consideraciones finales

En ambos métodos de adaptación de bonsais, el secreto es una nutrición regular durante la estación de crecimiento para estimular un crecimiento sano y vigoroso. Además, en los bonsais alambrados es necesario el pinzado constante para dar lugar a la formación de ramas finas y densas. Sólo cuando el árbol ha alcanzado una altura razonable, se puede iniciar el refinamiento final del árbol en su forma de bonsai.

El método de "cortar y dejar crecer" es particularmente deseable para árboles de hoja caduca muy vigorosos. Los árboles de hoja perenne, por otro lado, no producen nuevas ramas tan rápidamente, por lo que no son un material tan adecuado para el método de "cortar y dejar crecer". Sin embargo, tanto los árboles de hoja caduca como perenne pueden alambrarse en la forma final, como la clásica forma de "S", a partir de una edad muy temprana y dejarse desarrollar en el suelo.

En ambos casos, es importante tener una idea clara del tamaño del bonsai que se quiere crear, de manera que se pueda parar el árbol a la altura deseada. Sería un error diseñar un árbol de 15 cm y luego esperar que se desarrolle con éxito hasta los 60 cm durante un largo período de tiempo. Si el objetivo es crear un árbol pequeño, ésta debe ser la intención desde el principio. De la misma manera, un árbol grande se suele adaptar con este objetivo específico desde el inicio.

## SEMILLAS QUE REQUIEREN ESTRATIFICACIÓN

| | |
|---|---|
| Especies de *Abies* | Estratificar en arena durante 6 semanas o enfriar en congelador durante 3 semanas. |
| *Acer buergerianum* (arce tridente) | Estratificar en arena durante 8 semanas o enfriar en congelador durante 4 semanas. |
| *Acer campestre* (arce de campo) | Estratificar en arena durante 8 semanas o enfriar en congelador durante 4 semanas. |
| *Acer ginnala* (arce amur) | Estratificar en arena durante 8 semanas o enfriar en congelador durante 4 semanas. |
| *Acer japonicum* (arce de montaña del Japón) | Estratificar en arena durante 8 semanas o enfriar en congelador durante 4 semanas. |
| *Acer palmatum* (arce japonés de montaña) | Estratificar en arena durante 8 semanas o enfriar en congelador durante 4 semanas. |
| Especies de *Alnus* (aliso) | Enfriar en el congelador durante 2 semanas. |
| Especies de *Berberis* (agracejo) | Estratificar en arena durante 6-8 semanas o enfriar en congelador durante 3-4 semanas. |
| Especies de *Betula* (abedul) | Enfriar en congelador durante 2-4 semanas. |
| Especies de *Camellia* | Enfriar en frigorífico durante 2 semanas. |
| Especies de *Carpinus* (carpe) | Estratificar en arena durante 8-12 semanas o enfriar en congelador durante 3-4 semanas. |
| Especies de *Cotoneaster* | Estratificar en arena durante 6-8 semanas o enfriar en congelador durante 3-4 semanas. |
| Especies de *Crataegus* (Espino blanco) | Estratificar al menos durante 8 semanas en arena, o durante dos inviernos. (También puede enfriarse en congelador durante 4 semanas, sacándolas para descongelar en semanas alternas.) |
| *Cydonia* (membrillero verdadero) | Sembrar inmediatamente después de la recolección. Si no, estratificar en arena durante 4 semanas. |
| *Euonymus* (bonetero o evónimo) | Estratificar en arena durante 8-12 semanas o enfriar en congelador durante 6-8 semanas. |
| Especies de *Fagus* (haya) | Estratificar en arena durante 6-8 semanas o enfriar en congelador durante 6-8 semanas. |
| Especies de *Juniperus* | Estratificar en arena durante 4-6 semanas o enfriar en congelador durante 2-3 semanas. |

La producción de un bonsai grande a partir de semilla o a partir de esqueje necesita tiempo y una paciencia infinita. El árbol necesitará un pinzado, alambrado y recortado constante durante muchos años (30 o 40) mientras el tronco y las ramas se engruesan gradualmente. Algunos de los mejores bonsais de Japón han sido producidos usando este método que, a veces, es conocido como el método de "crecimiento", por oposición al método de "decrecimiento" o método rápido, en el que árboles grandes son recortados a la altura deseada dejando crecer nuevamente las ramas.

Las plántulas y esquejes, por tanto, son medios viables de producción de bonsais de todas las formas y tamaños. El proceso puede ser lento o rápido: La velocidad de desarrollo depende completamente de las condiciones de crecimiento dadas, y se utiliza comercialmente a gran escala tanto en China como en Japón, ya que es a la vez rápido y barato.

No hay realmente ningún tipo de mística en la utilización de plántulas y esquejes, y la parte difícil es aprender cómo convertirlos en atractivos bonsais. Ello requiere la aplicación de una combinación de principios estéticos, habilidades hortícolas y técnicas especiales.

Aunque puede parecer desesperanzador, especialmente para el principiante, todo lo que se necesita es práctica —entonces verá que lo que parecía difícil es en realidad fácil.

| | |
|---|---|
| *Laburnum* | No precisa estratificación, pero la germinación mejora echando agua hirviendo sobre las semillas justo antes de sembrarlas. |
| Especies de *Larix* (alerce) | Enfriar en frigorífico sólo durante 2 semanas. Sin embargo la estratificación no es realmente necesaria. |
| *Lespedeza* (trébol) | Enfriar en congelador durante 2 semanas. |
| Especies de *Malus* (manzano silvestre) | Sembrar inmediatamente después de recolectar el fruto en otoño. Las semillas almacenadas deben estratificarse en arena durante 4-6 semanas, o en congelador durante 2-3 semanas. |
| Especies de *Nothogafus* (haya del sur) | Enfriar en congelador durante 6-8 semanas. |
| Especies de *Pinus* (la mayoría de pinos) | Estratificar en arena durante 4-6 semanas o enfriar en congelador durante 2-3 semanas, excepto el siguiente caso: |
| *Pinus parviflora* (Pino blanco japonés) | Estratificar en arena durante 8-12 semanas o en congelador durante 4-6 semanas. |
| Especies y variedades de *Prunus* (Cerezos) | Estratificar en arena durante 8-12 semanas o en congelador durante 4-6 semanas. |
| *Pyracantha* | Estratificar en arena durante 4-6 semanas o en congelador durante 2-3 semanas. |
| *Rhododendron* | Enfriar en congelador durante 2-3 semanas. |
| *Sequoiadendron* | Estratificar en arena durante 4-6 semanas o en congelador durante 2-3 semanas. |
| *Stewartia* | Enfriar en frigorífico durante 2-3 semanas. |
| Especies de *Taxus* (Tejos) | Estratificación muy larga en arena de hasta dos años. |
| Especies de *Vitex* (agnocasto) | Enfriar en congelador durante 2-4 semanas. |

# 3 Acortando la escala de tiempo

Las escalas temporales son largas en el bonsai: el proceso de creación de un árbol atractivo puede durar décadas. Luego, se debe pensar en términos de años y estaciones de crecimiento, mejor que en días y meses. En cierto sentido, ésto forma parte de la tradición oriental, donde la gente acepta que ciertas cosas no pueden ir más deprisa. La paciencia se considera una virtud cardinal; raramente se molestan por tener que esperar. Esto se cumple particularmente en el bonsai: esperar a que un árbol madure es parte del placer —es una gran satisfacción hacerse viejo con el propio árbol—. Los bonsais viejos se convierten en parte del patrimonio familiar que pasan de una generación a otra.

En los últimos tiempos los valores han cambiado, en gran medida debido a la influencia occidental, y ha habido un notable alejamiento de la veneración a la edad. Cada vez más, a la gente se le enseña a ver en la edad de un árbol algo de importancia secundaria respecto a su belleza. Sin embargo, a pesar de esta tendencia, la edad sigue siendo una de las más importantes cualidades intrínsecas de un bonsai. Una de las preguntas más frecuentes en exposiciones hortícolas con presencia de bonsais es: "¿Qué edad tiene el árbol?" A menudo se da una reacción de desencanto si un árbol dado no es tan viejo como esperaba el espectador.

Hay algo especial en un árbol muy viejo. Además de lo místico, la edad es a menudo uno de los principales factores que distingue una obra maestra de un bonsai ordinario. Como con las antigüedades, la edad imprime una cierta calidad y sensación que sólo puede ser apreciada por el espectador; no es algo que se pueda describir con palabras.

Forma parte de la naturaleza humana, sin embargo, el ser impaciente, lo que significa que la mayoría de la gente intentará encontrar atajos para conseguir sus propósitos. Este deseo de ahorrar tiempo y esfuerzos no es necesariamente negativo; de hecho es uno de los orígenes subyacentes del progreso. En los bonsais, se han desarrollado varios métodos, a lo largo de los siglos, para acortar las

El junípero común *(Juniperus communis)* crece en suelos de turba y yeso. Este árbol tiene una forma exquisita, y es un típico material que puede recogerse en el campo. Sin embargo, con su altura de 1,5 m este árbol en concreto es demasiado grande como para ser un material ideal de bonsai.

Este agradable junípero, con su vieja y retorcida madera tiene una calidad rugosa que sería imposible de conseguir con medios humanos. Recogido en el campo en 1983, este árbol necesitó muy poca adaptación; el único cambio importante fue alterar su ángulo de crecimiento de horizontal a vertical.

larguísimas escalas de tiempo. Aunque estos atajos no se buscaron originalmente por causa de la presión comercial, sin embargo son muy importantes hoy en día tanto para el aficionado entusiasta como para el cultivador comercial de bonsais.

Acortar la escala de tiempo no sólo aumenta los beneficios económicos del bonsai, sino que hace posible disfrutar de un árbol mucho más pronto. No hay

duda de que tanto el aficionado entusiasta como el cultivador comercial desean ver el resultado final de sus esfuerzos más bien pronto que tarde, y los diferentes atajos desarrollados a lo largo de los años lo hacen posible.

Los métodos que se describen brevemente en las siguientes páginas se explican más detalladamente en capítulos posteriores.

## Grandes árboles de vivero

Una manera de acortar las escalas de tiempo en el bonsai es adaptar un material grande de vivero. Yo he hecho bonsais a partir de árboles de 6 a 9 m de altura, reduciéndolos a 60-90 cm. De esta manera, el aficionado puede ahorrarse varios años de tiempo de crecimiento y a la vez aprovechar los gruesos troncos que tienen estos árboles. Un bonsai con un tronco grande parecerá mucho más impresionante, en igualdad de condiciones, que uno con tronco delgado. Para hacer bonsais es preferible utilizar árboles caducifolios de vivero, ya que pueden producir ramas nuevas a partir de madera muy vieja, mientras que los perennifolios lo hacen mucho más difícilmente. En capítulos posteriores las ilustraciones muestran cómo se han creado bonsais a partir de material grande de vivero, usando tanto árboles de hoja caduca como perenne. Los árboles en cuestión son productos comerciales ordinarios asequibles en cualquier vivero.

Este tejo de vivero es ideal para convertirlo en bonsai –tiene unos 30 años y 2 m de alto, con un diámetro de tronco de unos 8 cm.

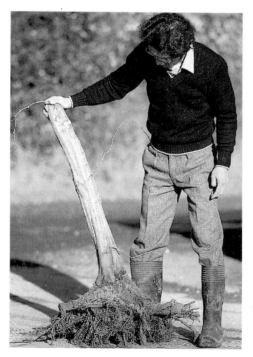

**Izquierda:** Esta base de tronco de 1 m es todo lo que queda de un carpe de 7,6 metros (*Carpinus betulus*), obtenido en un vivero, y desenterrado al principio de otoño. **Arriba:** En tres o cuatro años el árbol puede convertirse en un bello bonsai.

**Arriba:** El tejo de vivero de la página anterior ha sido reducido a 60 cm. Es importante no alterar las raíces. **Izquierda:** En primavera se debe plantar el tejo en una bandeja grande y moldearlo.

## Árboles recolectados

Otro método para reducir las escalas de tiempo en el cultivo de un bonsai es el uso de "árboles recolectados". Este término normalmente se refiere a árboles que han sido recolectados a partir de la naturaleza –montañas y bosques– pero yo prefiero pensar que "recolectar" abarca una mayor cantidad de fuentes de material. Usted puede, por ejemplo, recolectar árboles de su jardín, o de los jardínes de sus amigos; puede también recolectarlos de setos, viejos huertos, canteras en desuso, vías de tren y acúmulos de desperdicios.

La gran ventaja de la recolección es que los árboles ya han crecido varios años sin interferencia del hombre. Además, los elementos y el paso del tiempo los habrán convertido en un material potencial de bonsai muy deseable. En las regiones de alta montaña, donde las condiciones de crecimiento son duras, los árboles crecen naturalmente mal desarrollados, y toman interesantes formas retorcidas a causa de los efectos del viento y la nieve. La adaptación de árboles recolectados a bonsais se describe con detalle en el capítulo cinco.

El material para bonsai se puede encontrar en muchos sitios; esta haya crece en mi jardín. Dándome cuenta de su potencial, la corté a un metro para estimular un nuevo tallo principal y nuevas ramas, y recorté las raíces de manera que el árbol se pudo desenterrar un año después, en primavera.

**Izquierda:** Este bello y pequeño junípero común fue encontrado creciendo en un hoyo de grava en alta montaña. Este tipo de árboles deben desenterrarse muy cuidadosamente para evitar dañar las raíces. **Arriba** Este junípero común era un árbol encontrado creciendo en el campo. Su forma larga y esbelta hizo de él un sujeto ideal para un árbol de estilo literario, y no requirió virtualmente ningún moldeado aunque el follaje necesite un refinamiento posterior.

## Acodos aéreos

El acodado aéreo es un antiguo método chino de propagación por medio del cual un tronco o una rama son transformados en árbol en un período de tiempo relativamente corto. Aunque los acodos aéreos tienen éxito en la mayoría de los árboles, es importante conocer exactamente qué variedades se prestan a esta técnica. La tabla de las páginas 62-63 muestra una lista de especies apropiadas e indica el tiempo que tardan en enraizar.

El acodado aéreo es un proceso muy simple. Básicamente se trata de arrancar la corteza alrededor de la rama, o porción de tronco que debe ser acodada. Hay numerosas variaciones en la cantidad de corteza extirpada; como proceso alternativo, se puede usar un torniquete; el área pelada se cubre con una pelota de musgo de esfagno y se envuelve en un trozo de politeno transparente o negro. En un tiempo muy corto (generalmente entre 6 semanas y un año) aparecerán raíces en la porción de rama que está justo por encima del lugar en que se realizó el corte (o donde se aplicó el torniquete), formado un nuevo árbol que puede utilizarse para el bonsai.

Hay varias razones para acodar árboles. La primera es estética: se puede seleccionar casi cualquier porción de un tronco o una rama que tenga una forma atractiva, y que por tanto tenga el potencial necesario para ser convertido en un buen bonsai (es decir, la forma de la rama sola se parece a un árbol perfecto), acodarlo y, en muy poco tiempo, el aficionado tendrá un árbol acabado. La segunda razón es económica: Los acodos aéreos salen prácticamente gratis. Un gran árbol de vivero puede ser progresivamente acodado desde el extremo superior hacia abajo, dando lugar a un buen número de árboles en un corto período de tiempo. El árbol que se muestra en las páginas 56 y 57, por ejemplo, dio lugar a diez u once acodos durante una única estación de crecimiento. Los diferentes refinamientos de los acodos aéreos se describen en las páginas 52-63.

## Simulación de vejez

El hecho de que el bonsai sea esencialmente una ilusión hace mucho más fácil la tarea de crear la impresión de vejez.

Usando atajos o aplicando artilugios cosméticos, un árbol joven puede aparentar ser mucho mayor de lo que realmente es. Hay características visuales específicas que inmediatamente crean una impresión de vejez: un tronco retorcido con corteza rugosa; ramas que cuelgan hacia abajo en lugar de surgir hacia arriba como es el caso de los árboles jóvenes; raíces que irradian uniformemente desde el tronco y luego se sumergen gradualmente en el suelo,

Este junípero chino adaptado al estilo erecto formal fue producido a partir de un acodo aéreo hace dos años. Ahora mide unos 60 cm de alto y tiene un tronco de un grosor de 25 mm.

dando una impresión de inmensa estabilidad y recordando la imagen de un árbol que, a pesar de años de erosión del suelo, aún se mantiene firme; un tronco adelgazado y con ramas finas que normalmente sólo se ven en ejemplares adultos.

Un cultivador experto de bonsais puede crear todos estos efectos, pero de tal manera que el espectador no iniciado nunca adivinará que ha sido envejecido artificialmente. Algunos aficionados pueden ver en estos métodos un fraude, pero desde mi punto de vista, siempre que los resultados sean aceptables, los métodos no importan.

Al ir ganando experiencia en el bonsai,

sin duda, el aficionado querrá experimentar con diferentes árboles y técnicas, y querrá ver los resultados rápidamente. Las técnicas descritas en este capítulo le capacitarán para conseguirlo. Muchas técnicas se han utilizado durante generaciones, mientras que otras todavía se están desarrollando. El lector puede encontrar el aprendizaje de la teoría y la práctica de estas técnicas fascinante y reconfortante a la vez.

Es obvio, pues, según lo explicado que el cultivo de bonsais a partir de semillas no es la única manera de crear estos árboles, y también que no se necesita esperar la mitad de la vida antes de tener un bonsai atractivo.

Interrumpir el flujo de savia cortando un anillo de corteza o bien aplicando un torniquete. Envolver con musgo húmedo el corte o torniquete practicado y cubrirlo con plástico transparente.

Este olmo de corteza más gris (zelkova) fue acodado a finales de la estación de crecimiento, por lo que no tuvo tiempo de producir raíces; éstas aparecerán en la siguiente estación de crecimiento.

# Acodado
# aéreo

Los chinos han sido conocidos durante mucho tiempo por su ingenio; la rueda, la brújula, la cerámica cocida, la pólvora, e incluso el bonsai, son tan sólo algunas de las invenciones que se les atribuyen. La propagación de plantas por acodos aéreos es otro invento útil al que se atribuye un orígen chino.

El acodado aéreo se ha practicado probablemente durante los últimos 1500 años y es aún ampliamente utilizado hoy en día. Los antiguos chinos pueden haberlo descubierto de forma bastante casual: por ejemplo, fijándose en un árbol o rama parcialmente quebrada y que luego ha enraizado por sí misma en el suelo.

En las cálidas y húmedas condiciones del trópico, el acodado aéreo es un proceso rápido, y por tanto frecuente; en la India, por ejemplo, muchas variedades de árboles frutales, como el mango y el guayabo, se propagan por acodos aéreos. El método usual es envolver con un poco de barro una rama parcialmente rota. La pelota de barro se ata entonces con tela de arpillera, y en cuestión de semanas se habrá formado una masa de raíces.

La ventaja principal del acodado aéreo es que se produce un árbol adulto, que puede dar frutos a una edad muy temprana en poco tiempo. Esto, por supuesto, hace de él un método ideal para el bonsai, ya que le permite producir árboles adultos en menos tiempo que el que tarda en crecer un árbol con un tronco de grosor similar a partir de semilla o de esqueje.

Además, le permite seleccionar una rama con la forma y características más parecidas a las deseadas.

Puede parecer sorprendente, por tanto, que a pesar de sus muchos atractivos, el acodado aéreo no se use actualmente como método comercialmente viable de producción de bonsais. La razón que suelen dar los viveristas es que el acodado aéreo necesita demasiado trabajo intensivo. Sin embargo, sospecho que la razón real es que se producirían rápidamente excedentes, o se acabaría el material parental, si todas las ramas producidas se usaran para

La glicina o wistaria, con sus fragantes flores, produce un atractivo bonsai florecido. Este grabado en madera japonés impreso por Hiroshige III se titula "Glicina y Golondrinas" y forma parte de mi colección de pinturas japonesas.

Un arce Deshojo de montaña cultivado en el estilo de tronco doble. Aunque es admirado, sobre todo, por sus hojas color carmín, el árbol es también muy bello sin su follaje, especialmente a finales de otoño, cuando las pequeñas ramas presentan aún un rojo iridiscente.

acodados aéreos. Como en el caso del material recogido de la naturaleza, el suministro a largo plazo es limitado y, una vez agotado, pasaría mucho tiempo antes de disponer de más material de la misma calidad.

En lo que concierne al aficionado al bonsai, el acodado aéreo es un método ideal de propagación ya que es sencillo, barato y rápido. Los que lo han probado estarán de acuerdo en que es extremadamente satisfactorio ver cómo las raíces emergen a partir prácticamente de la nada en cuestión de semanas. De hecho, el acodado aéreo es uno de los procesos más excitantes en jardinería.

53

El acodado aéreo reduce considerablemente el tiempo necesario para producir un bonsai. Pueden pasar hasta diez años antes de que una glicina cultivada a partir de semilla florezca mientras que una glicina acodada florecerá a la siguiente estación. En este caso, la planta original fue dividida en dos: las base de 15-20 cm (arriba), y la parte superior (derecha).

## Principios básicos

La técnica del acodado aéreo se basa en una interrupción deliberada del flujo de savia de una rama. Cuando esto ocurre, la rama lucha por sobrevivir; ya sea bordeando la restricción, o emitiendo nuevas raíces para captar humedad y nutrientes de su ambiente inmediato.

Esencialmente existen dos métodos básicos para interrumpir el flujo de savia de la rama; sin embargo, hay también muchas variaciones a partir de ellos. En el primer método se corta un anillo de corteza alrededor de la rama o tronco, mientras que en el segundo se aplica un torniquete alrededor de la rama, de manera que la savia no pueda circular por la corteza. Debido a que el proceso de interrupción del flujo de savia es tan traumático, es aconsejable dejar una estrecha franja de corteza actuando como puente o alimentador, de manera que la rama acodada continúe obteniendo nutrientes aunque a una tasa mucho menor.

## Adecuar el método al árbol

La elección del método adecuado de acodado aéreo dependerá mucho de la variedad de árbol, por ejemplo, algunas variedades responden bien a una eliminación total de un anillo de corteza de la rama, mientras que para otras el trauma será demasiado fuerte y morirán.

Con la propia experiencia, y a través de la experimentación, descubrirá pronto qué variedad de árbol responde mejor a cada método particular. Sin embargo, yo creo que la eliminación total de la corteza es lo mejor para las siguientes variedades: arce japonés, arce tridente, olmo chino, zelkova (olmo japonés), todos los juníperos, sauces, y cotoneaster.

También he encontrado que, aunque se pueden obtener acodos aéreos a partir de cualquier parte de la copa del árbol, la mejor posición es justo debajo de la bifurcación de una rama. Esta es, de hecho, la posición recomendada tanto por los chinos como por los japoneses.

La cinta blanca marca los puntos adecuados para el acodado aéreo esta zelkova u olmo japonés de diez años de edad que mide unos 2,5 m de alto. Se pueden obtener 5 o 6 árboles de esta manera.

El acodado aéreo es particularmente adecuado para árboles muy altos de vivero que suelen ser cultivados como "estandard". A estos árboles se les han eliminado todos los vástagos hasta una altura de 1,8 m dejando una copa de ramas que crecen a partir de un largo tallo. Un árbol típico de 1,8 m puede producir hasta 9 o 10 árboles a partir de tan sólo una planta madre mediante el acodado aéreo de sucesivas porciones desde la parte superior hasta la inferior. Selecionando las variedades de árbol fáciles de acodar, y acodando un par de secciones se pueden producir hasta seis o siete en el tiempo que dure una estación de crecimiento.

## ACODADO AÉREO MÚLTIPLE

A menudo es posible crear más de un bonsai a partir de un único árbol por acodos aéreos. Este arce en concreto, de 2,5 m, fue la fuente de no menos de 9 bonsais. Cuando se estudia un árbol para encontrar los acodos aéreos potenciales, es importante tener una mente abierta y examinar todas las posibilidades.

El método del anillado de la corteza consiste en la eliminación de un anillo de corteza del tronco o rama. Usando un bisturí afilado o un cuchillo de horticultura se hacen dos cortes y se pela la corteza. La anchura del anillo debe ser al menos tan gruesa como el tronco o la rama, pero no más de dos veces este grosor.

El anillado alternante es una variante del método del anillado de la corteza. Se cortan dos medios anillos, alternándolos de manera que haya un cuarto o la mitad de la anchura de la rama o tronco entre ambos. La mejor posición es justo debajo de una bifurcación. Método más lento, pero más seguro que el del anillado de la corteza.

**Arriba:** En el tipo de puente múltiple se eliminan franjas de corteza de 3 mm de ancho en forma de anillo alrededor de la rama o tronco. **Arriba a la derecha:** Se deja una estrecha franja de corteza como puente para el suministro de nutrientes. **Abajo a la derecha:** En el método del torniquete con alambre seleccionar una rama para acodar y dar dos vueltas de alambre de cobre alrededor del tronco justo por debajo del punto de unión de la rama. Con unos alicates apretar el alambre y estirar de los extremos hasta que penetre en la corteza. Envolver el tronco con musgo de esfagno y cubrirlo con plástico a su alrededor. Las raíces aparecerán entre uno y dos años.

Si se realiza un acodo aéreo de tipo falda, al principio del verano, se tardará tan sólo de cuatro a seis semanas en producir un nuevo árbol. El primer paso consiste en realizar un corte circular y luego pelar cuidadosamente la corteza hacia arriba. Cortar en varias tiras esta corteza que ha separado.

El segundo paso en el acodado aéreo tipo falda consiste en deslizar un anillo de metal bajo las tiras de corteza. Esto evitará que vuelvan a crecer de nuevo hacia el tronco.

## Árboles caducifolios y perennifolios

Por regla general, los árboles caducifolios responden mejor a los métodos de acodado aéreo que implican la eliminación total del anillo de corteza, mientras que las coníferas perennifolias responden mejor tanto al método del puente, como al del torniquete con alambre. La única excepción a esta regla es el junípero. Casi todos los juníperos empiezan a desarrollar raíces muy rápidamente al usar la técnica de la eliminación total del anillo de corteza.

El tiempo que transcurre entre el inicio del acodo aéreo y la aparición de las raíces varía según la especie. Se sabe que los juníperos producen raíces en tan sólo dos semanas; los pinos, por otro lado, son claramente lentos. Los pinos blancos pueden tardar uno, o incluso dos años en formar raíces que puedan mantener adecuadamente al nuevo árbol.

En el caso de los pinos, el mejor método es probablemente el del torniquete con alambre, ya que el método de eliminación total del anillo de corteza es demasiado drástico. También se puede utilizar la variante de las franjas del método del anillo de corteza, o el método del puente múltiple.

Se pueden hacer acodos aéreos a partir de troncos y ramas bastante gruesos que procedan de las variedades más vigorosas. Por ejemplo, yo he acodado con éxito ramas y troncos de zelkovas (olmos japoneses) de un grosor de hasta 10-13 cm de diámetro, y troncos de sauce llorón de un grosor de 15-18 cm.

Este cedro del Líbano fue acodado hace dos años y tiene ahora 40 cm. Tan sólo aparecieron raíces en un lado, por lo que el árbol era inestable. Raspar con un bisturí el lado sin raíces, aplicar polvos enraizantes y cubrir con musgo.

## Acodos aéreos con éxito

Es mejor realizar los acodos aéreos al principio de la estación de crecimiento (por ejemplo, al principio de la primavera), cuando la savia está empezando a subir con fuerza. La otra ventaja de empezar pronto es que se puede acodar continuamente a partir de un solo árbol desde el principio de la primavera hasta el inicio del otoño.

Algunos de los que practican el bonsai recomiendan envolver la bola de esfagno con plástico transparente, y ésta a su vez cubrirla con una capa de plástico negro (ver página 50). Sin embargo, según mi experiencia, el plástico negro es innecesario ya que el mismo esfagno tapará la mayor parte de la luz para la zona de tronco o rama que ha sido acodada. La ventaja de usar sólo plástico transparente es que podrá ver las raíces tan pronto como se estén formando y aparezcan a través del musgo de esfagno. Entonces se podrá saber exactamente cuándo se puede cortar la rama.

El momento en que la rama es separada del tronco es absolutamente crítico para un acodado con éxito. Si se corta demasiado pronto, el acodo no sobrevivirá. La rama que se ha acodado debe cortarse solamente cuando una cantidad suficiente de raíces ha llenado la bola de musgo de esfagno. Esto será evidente, pues la bola de musgo será una masa de raíces blancas y carnosas. Cuantas más raíces haya en la bola mayores son las posibilidades de supervivencia del acodo.

Al separar la rama, se debe cortar límpiamente, y tener cuidado de no tocar demasiado la bola de raíces. Hay quien recomienda serrar hasta la mitad de manera que el acodo se pueda ir separado por etapas. Sin embargo, para mí esto no es necesario. Mientras el acodo tenga

Los largos tallos de los juníperos chinos los hacen particularmente adecuados para el acodo aéreo. Los resultantes pueden utilizarse para producir árboles en grupo o en el estilo erecto formal.

Las herramientas esenciales para realizar acodos aéreos. (De abajo a la izquierda siguiendo el sentido de las agujas del reloj.) Tijeras de poda curvadas afiladas para rascar la corteza, solución de vitamina B1 para estimular la formación de raíces, cuerda, musgo de esfagno y algunas láminas de plástico transparente.

La eliminación total del anillo de corteza es el mejor método para hacer acodos aéreos en juníperos. Cortar una tira que mida el doble del diámetro de la rama o tronco: por ejemplo, una tira de 38 mm en un tronco de 19 mm.

Arriba: Espolvorear los cortes con polvo hormonal, o sumergir el musgo en solución de vitamina B1 durante toda la noche, exprimirlo hasta que esté húmedo y envolver con el musgo el corte. Cubrir el musgo con plástico transparente.Izquierda: Atar un pedazo de cuerda o alambre alrededor del plástico para evitar que se evapore la humedad. No abrir hasta que las raíces aparezcan a través del musgo. Según la especie, las raíces pueden aparecer en un mes, o en variedades más dificultosas, hasta dos años después. En general, los árboles de hoja caduca sacan raíces más rápidamente que los de hoja perenne.

buenas raíces, sobrevivirá si lo corta de golpe.

Poner el cepellón de raíces y esfagno en una maceta robusta y llenar con turba solamente. A partir de la experiencia he aprendido que si se usa musgo de turba en lugar de un substrato compostado o de arena fina, las raíces tienen menos tendencia a romperse, y por tanto los acodos aéreos tienen una mayor posibilidad de sobrevivir. Si se usa un substrato fuerte, arena fina o arenisca, su peso comprimirá las quebradizas raicillas y por tanto, casi seguro que las estropeará.

Si hay muchas hojas o ramas en el acodo recién enraizado, se deben eliminar algunas para reducir la transpiración hasta que el acodo esté bien establecido. Es también aconsejable colocar el acodo recién transplantado sobre una bandeja plana llena de agua de manera que se mantenga la humedad adecuada durante este período.

El añadir líquido con vitamina B1 ayudará a una estabilización rápida del árbol, pero no se debe fertilizar en este estadio puesto que podría dañar las raíces, que son muy jóvenes.

Idealmente, los acodos recién transplantados deben ser

## TABLA DE VARIEDADES QUE ADMITEN FÁCILMENTE EL ACODO AÉREO

| Nombre común | Nombre botánico | Mejor tiempo para acodar | Tiempo de enraizado | Método recomendado |
|---|---|---|---|---|
| **Árboles de hoja ancha** | | | | |
| Aliso | *Alnus* spp. | Principio del verano | 6 semanas | Anillado completo de la corteza |
| Haya | *Fagus* spp. | Principio del verano | 3 meses | Anillado/torniquete |
| Boj | *Buxus* spp. | Final de la primavera | 3 meses | Franjas o torniquetes |
| Olmo | *Ulmus* spp. | Principio del verano | 6 semanas | Anillado completo de la corteza |
| Carpe | *Carpinus* spp. | Principio del verano | 4-5 meses | Anillado completo de la corteza/torniquete |
| Hiedra | *Hedera* spp. | Principio de la primavera | 2-3 meses | Anillado completo de la corteza |
| Arce japonés o de montaña | *Acer palmatum* *A. japonicum* | Principio del verano | 6-8 semanas | Anillado completo de la corteza |
| Arce tridente | *A. buergerianum* | Principio del verano | 2-3 meses | Anillado completo de la corteza o franjas |
| Sauce | *Salix* spp. | De principio del verano a principio del otoño | 4-6 semanas | Anillado completo de la corteza |
| Zelkova (Olmo japonés) | *Zelkova* spp. | Principio del verano | 6-8 semanas | Anillado completo de la corteza |
| **Árboles de flor y de fruto** | | | | |
| Azalea | *Rhododendron* spp. | Principio de la primavera | 3-4 meses | Puente/torniquete |
| Camelia | *Camellia* spp. | Principio de la primavera | 3-4 meses | Puente/torniquete |
| Árbol del guisante | *Caragana* spp. | Principio del verano | 2-3 meses | Anillado completo de la corteza |
| Cotoneaster | *Cotoneaster* spp. | Principio del verano | 2-3 meses | Anillado completo de la corteza o franjas |
| Manzano silvestre | *Malus* spp. | Principio del verano | 3-4 meses o más | Torniquete o franjas |
| Vid | *Vitis* spp. | Principio del verano | 2-3 meses | Torniquete |
| Espino blanco | *Crataegus* spp. | Principio del verano | 5-6 meses o más | Anillado completo de la corteza |
| Jazmín | *Jasminum* spp. | Principio del verano | 3-4 meses | Anillado completo de la corteza o franjas |
| Magnolia | *Magnolia* spp. | Principio del verano | 4-5 meses | Anillado completo de la corteza o franjas |

colocados en una atmósfera húmeda, como un invernadero fresco, o bajo un aspersor, ya que esto estimulará una formación mucho más rápida de raíces. Un acodo aéreo separado y transplantado en turba puede llenar de raíces la maceta en tan sólo dos o tres semanas.

No se debe intentar transplantar el acodo recién enraizado directamente en una maceta de bonsai; es mejor dejarlo en una maceta normal durante al menos un año. El acodo debe cultivarse durante un año más en una bandeja de semillas grande, o en el suelo, para ayudar al endurecimiento de las raíces, de manera que el aficionado pueda manipularlo y plantarlo en una maceta propia de bonsai.

Durante el segundo año después de que el acodo haya enraizado, se puede empezar a convertirlo en un bonsai atractivo. Una vez que el árbol ha sido transplantado, se puede adaptar y arreglar las ramas y la estructura general. Con el tiempo, será imposible decir si el bonsai se produjo a partir de un acodo aéreo, o por alguno de los otros métodos más tradicionales, como por ejemplo a partir de semillas, esquejes, o injertos.

| Melocotonero | *Prunus persica* | Principio del verano | 4-6 meses | Anillado completo de la corteza o torniquete |
| Pera | *Pyrus* spp. | Principio del verano | 4-6 meses | Anillado completo de la corteza o torniquete |
| Granado | *Punica* spp. | Principio de la primavera | 2-3 meses | Anillado completo de la corteza o torniquete |
| Cincoenrama o quinquefolio | *Potentilla* spp. | Principio del verano | 2-3 meses | Anillado completo de la corteza o torniquete |
| Membrillero | *Chaenomeles* spp. y *Cydonia* spp. | Principio del verano | 3-4 meses | Anillado completo de la corteza o torniquete |
| Bonetero | *Euonymus* spp. | Principio de la primavera | 5-6 meses | Franjas o torniquete |
| Viburno | *Viburnum* spp. | Principio del verano | 2-3 meses | Franjas o torniquete |
| Glicina | *Wisteria* spp. | Principio del verano | 4-6 semanas | Anillado completo de la corteza |

**Coníferas**

| Cedro | *Cedrus* spp. | Principio de la primavera | 3-4 meses o más | Torniquete |
| Cryptomeria | *Cryptomeria* spp. | Principio de la primavera | 4-6 semanas | Anillado completo de la corteza |
| Falso ciprés | *Chamaecyparis* spp. | Principio de la primavera | 3-4 meses | Anillado completo de la corteza o torniquete |
| Ginkgo | *Ginkgo biloba* | Principio del verano | 3-4 meses o más | Torniquete o franjas |
| Junípero | *Juniperus* spp. | Principio de la primavera | Variedad china 4-6 semanas. Otras variedades 4-6 meses | Anillado completo de la corteza o franjas |
| Alerce | *Larix* spp. | Principio de la primavera | 2-3 meses | Anillado completo de la corteza o torniquete |
| Sequoia del alba | *Metasequoia glyptostroboides* | Principio de la primavera | 3-4 meses | Anillado completo de la corteza o torniquete |
| Pino | *Pinus* spp. *P. sylvestris* *P. parviflora* *P. thunbergii* | Principio de la primavera | De 6 meses a 2 años | Torniquete o franjas |
| Pícea | *Picea* spp. | Principio de la primavera | 6 meses o más | Torniquete o franjas |
| Taxodio | *Taxodium distichum* | Principio de la primavera | 3-4 meses | Torniquete o franjas |

# 5 | *Árboles recolectados*

E s una opinión generalizada que los mejores bonsais son normalmente los recogidos en la naturaleza. Ello se debe a que dichos árboles han sido moldeados y esculpidos por la propia naturaleza y, como resultado de ello, poseen cualidades que no se pueden reproducir fácilmente de manera artificial.

En China y Japón hay una larga tradición de recolectar árboles de la naturaleza. Hace tan sólo 40-50 años los "cazadores de bonsais" profesionales de Japón se ganaban la vida recolectando ejemplares bellos y viejos que crecían en lugares inaccesibles, como riscos, barrancos y cimas de montañas. Por desgracia, sin embargo esta raza de hombres ya no existe debido a que las áreas montañosas salvajes de Japón han sido totalmente despojadas de esos bellos y viejos ejemplares.

El sino de los árboles japoneses ilustra la importancia de una recolección responsable. Recoger de su medio ambiente árboles mal desarrollados por naturaleza puede llegar a ser una forma de vandalismo ecológico. La conciencia creciente de la necesidad de conservar la naturaleza ha llevado a muchos países a crear leyes que prohiben la recolección de plantas raras y árboles que crezcan en áreas protegidas, o la exportación de ejemplares raros. Aunque los bonsais no entran dentro de esta categoría, los árboles viejos no deben tocarse de su medio natural a no ser que estén amenazados por la construcción de carreteras u otros desarrollos humanos.

Tres circunstancias pueden justificar la recolección de arboles de la naturaleza. En primer lugar, si el material a recolectar se halla dentro de una propiedad privada, y se puede convencer al propietario de que le dé permiso para cogerlo, no se plantean problemas morales.

En segundo lugar, como se ha mencionado anteriormente, cuando se está desbrozando una zona para una autopista, u otra construcción. En varias ocasiones he pasado a través de vastas áreas forestales que han sido taladas a ras de suelo para la construcción de carreteras, destruyendo miles de bonsais en potencia.

Para el ojo inexperto, éste puede parecer un lugar poco prometedor para bonsais potenciales, pero de hecho es un típico paraje campestre de recolección. Las variedades más adecuadas serán juníperos comunes, pinos y alerces. Pueden utilizarse arboles de casi cualquier tamaño; no tienen por qué ser grandes. Los juníperos más pequeños, en particular, tienden a presentar troncos interesantes y retorcidos, y pueden dar lugar a pequeños bonsais exquisitos.

Los árboles adultos como este junípero chino que supera los cien años de edad, son invariablemente árboles recolectados. Importado de Japón en los años sesenta, este árbol tiene ahora 70 cm de alto y un diámetro de tronco de 13 cm. Destaca por su atractiva silueta y la larga superficie de madera seca.

El secado de pantanos y marjales es otra rica fuente potencial de material para bonsais. Estas áreas suelen ser conocidas como tierras marginales o submarginales lo que quiere decir que el suelo y las condiciones de crecimiento suelen ser muy pobres. Sin embargo, son precisamente estas condiciones de crecimiento las que producen los árboles mal desarrollados ideales para el bonsai.

Los árboles que crecen en tierras marginales tienen pocas o ninguna posibilidad de sobrevivir a largo plazo, por tanto su recolección está justificada.

La recolección de árboles en la naturaleza no debe ser vista simplemente como una forma barata de crear buenos bonsais. Aunque esto puede ser cierto, no debe ser la principal razón para recolectar. El objetivo debería ser la adquisición de bellos ejemplares de mucha edad, que no pueden obtenerse de otra manera.

Allí donde aún sea posible, la recolección en el campo puede ser muy divertido. No hay nada tan agradable como realizar una expedición de recolección con un club de bonsais, o con algunos amigos entusiastas del mismo.

La emoción y excitación producidas por el descubrimiento de un bello ejemplar de árbol después de caminar durante kilómetros es verdaderamente una experiencia memorable. Nunca olvidaré el éxtasis que sentí al ver arces de juníperos mal desarrollados en la ladera yerma de una montaña.

Afortunadamente el lugar de recolección formaba parte de una vasta finca privada, y al propietario le caían simpáticos los buscadores de bonsais. Sin embargo, realicé una estrecha selección y me autorrestringí, recogiendo tan sólo algunos pocos árboles elegidos.

## Lugares alternativos
## de recolección

Aunque se presente idílica la recolección de árboles de lugares tradicionales como montañas y cumbres de riscos, también se está volviendo cada vez más difícil a medida que más y más montañas y

Los árboles con potencial para ser un bonsai se pueden encontrar en todo tipo lugares –desde los más exóticos hasta el jardín más cercano. **Izquierda:** Este manzano silvestre creció demasiado grande para estar entre rocas y estaba a punto de ser cortado. Pero mereció la pena salvarlo por la belleza del tronco.

bosques se destinan para la conservación o el recreo.

Afortunadamente, existen otras alternativas. Se pueden encontrar árboles recolectables en lugares sorprendentes, como montones de desperdicios, vías de tren en desuso, canteras viejas y huertos abandonados.

Los árboles obtenidos en estos lugares aparentemente tan poco apropiados no tan sólo igualan en calidad a los obtenidos en los lugares frecuentados tradicionalmente por los recolectores sino que incluso son más variados. Los árboles encontrados en canteras y montones de desperdicios suelen tener sistemas radiculares muy superficiales y compactos ya que han crecido sobre grava o piedras. Los ejemplares de viejos huertos y los cercanos a vías de tren en desuso están invariablemente mal desarrollados debido a que han sido constantemente recortados a lo largo de muchos años.

En áreas urbanas, los jardines de casas viejas en espera de ser demolidas son una rica fuente de material potencial para bonsais. En los suburbios londinenses, por ejemplo, he pasado a menudo cerca de bellas hayas, juníperos y carpes, que han sido cultivados como arbustos ornamentales y setos, y tienen como mínimo 50 o 60 años. A menudo los propietarios de fincas abandonadas se alegran si alguien se ofrece a llevarse los viejos arbustos que ya no quieren.

Izquierda: Usé una sierra eléctrica para reducir el árbol a un tronco de 1,2 m de alto. Arriba: El paso siguiente fue una nueva rama principal. Derecha: Plantarlo en un lecho descubierto, con una gran cantidad de arena mezclada en el suelo, inducirá la formación de raíces jóvenes finas, lo que permitirá eliminar las raíces viejas en unos tres años.

## Cuándo recolectar

Por regla general, la mejor época de recolección es entre el otoño y el final de la primavera. Las coníferas de hoja perenne, como los pinos y juníperos, tienden a resultar mejor si se recogen durante el principio del otoño. Las especies de hoja caduca, por otro lado, pueden recolectarse en cualquier momento de la estación de letargo, es decir, entre el principio del otoño y el inicio de la primavera.

Es mejor no recolectar material cuando el invierno es muy frío ya que los árboles recolectados es difícil que sobrevivan al "shock", y la posibilidad de dañar las tiernas raíces es mucho mayor.

Sin embargo, existen ocasiones en las que se pueden dejar de aplicar las reglas. Por ejemplo, yo recogí un árbol durante los calores del verano (lo que normalmente estaría prohibido) cuando me pareció que no había otra alternativa. En una ocasión parte de un bosque estaba siendo excavado para ampliar una carretera; los árboles que rescaté no eran muy grandes —ninguno de ellos tenía un tronco de más de 8 cm, pero al menos la mitad de ellos sobrevivió.

La supervivencia de árboles recolectados depende ampliamente de las condiciones en que han crecido. Los árboles que han crecido en condiciones pantanosas o de turbera pueden cogerse en cualquier época del año. Muchos pinos, juníperos y alerces crecen en turberas pantanosas y, además, suelen tener sistemas de raíces muy compactos. Debido a esto, se pueden arrancar fácilmente del terreno. Los árboles que crecen en hoyos de grava, o en pedreras en las laderas de las montañas son también fáciles de desenterrar por razones similares, y generalmente pueden arrancarse con el sistema radicular intacto en cualquier momento del año.

## Seleccionar árboles

Nunca se insistirá demasiado sobre la necesidad de ser siempre muy exigente en lo que se recolecta. La mayoría de los novatos tienden a ser demasiado codiciosos y empiezan a recolectar todo lo que ven. Este comportamiento linda con el vandalismo y conduce a tener árboles de baja calidad. La característica principal en la recolección es encontrar material excelente.

La calidad esencial de un bonsai potencial debe ser el carácter, y hay que tenerlo en cuenta cuando se recolecta. Por lo que respecta al tamaño, no hay una regla fija y segura. Los que prefieren árboles grandes recolectarán árboles grandes, mientras que los que los prefieren más pequeños seleccionarán su material de acuerdo con su gusto.

Sea cual sea el tamaño del árbol, es el tronco el que determinará el diseño final del bonsai. Curiosamente, se pueden utilizar árboles grandes siempre que se corte la parte superior hasta dejar una altura adecuada. En el caso de árboles más pequeños se deben buscar árboles de troncos retorcidos, o de formas hermosas de por sí, o que den la impresión de vejez.

## Herramientas

Cuando salimos en una expedición de recolección, la elección del equipo está normalmente limitada por lo que el aficionado es capaz de llevar encima. Las herramientas esenciales son: una buena pala de cavar, una sierra afilada, un par de tijeras curvas de podar bien afiladas, algunas bolsas de plástico, cuerda, y grandes cantidades de musgo de esfagno. Aunque puede ser que encuentre bastante musgo en el lugar de recolección, es siempre más seguro llevar un poco encima.

Uno de los secretos del éxito con los materiales recolectados se encuentra en la rapidez con que pueden ser plantados. Esto significa que en la mayoría de los viajes de recolección es esencial contar con alguna forma de transporte. Un vehículo todo terreno con tracción en las cuatro ruedas tiene ventajas obvias si se va a explorar terreno dificultoso; acercarse mucho al lugar de recolección ahorrará tener que cargar un árbol pesado varios kilómetros hasta el coche.

**Izquierda:** Este alerce blanco se recolectó en 1972. Como con la mayoría de los árboles recolectados, no se puede clasificar convenientemente en uno de los estilos reconocidos, sino que es una mezcla de los estilos erecto informal y raíz con roca. **Arriba:** El árbol tiene ahora una altura de 74 cm y está bien aposentado. Las ramas que se seleccionaron en el momento de la recolección han sido progresivamente retocadas; el crecimiento de las masas foliares fue estimulado a través del pinzado continuado del material formado. Cada tres o cuatro años los espacios entre las ramas se clarean y las raíces se recortan de manera que el cepellón con las raíces sea 25 mm menor que la nueva maceta, y finalmente se añade suelo nuevo.

## Traslado del árbol

Cuando se recolecta un árbol, es absolutamente vital coger tanta raíz como se pueda. Si el árbol tiene muy pocas raíces fibrosas, es preferible abrir una zanja alrededor del tronco y luego esperar otro año a que se desarrollen las raíces fibrosas. Eso asegurará que el nuevo árbol tenga una oportunidad mucho mejor de supervivencia cuando sea desenterrado.

Si el árbol es demasiado alto, se deben eliminar las partes no deseadas tanto como sea posible antes de empezar a cavar. Sin embargo, primero se debe examinar cuidadosamente el árbol para asegurarse de que las ramas que están a punto de ser cortadas, no puedan ser necesarias en el diseño final del bonsai. Una rama que parezca innecesaria a primera vista puede ser, después de una inspección más detallada, adecuada para "jins" (madera seca) o para cualquier otro diseño interesante. Se debe intentar siempre conservar la mayor cantidad del suelo original posible. Cuando se ha desenterrado un árbol, se tiene que envolver el cepellón con plástico o tela de arpillera, de manera que no se pierda humedad en las raíces. Un árbol recién desenterrado no podrá abastecer sus hojas con suficiente agua como para compensar la humedad perdida durante el transplante. Es vital, por tanto, reducir la cantidad de follaje del árbol, especialmente si es un árbol de hoja caduca desenterrado en el momento en que tiene el máximo número de hojas. De hecho, si se desentierran árboles caducifolios fuera de la época de letargo, es mejor eliminar todas las hojas.

En el caso de árboles perennifolios es importante no eliminar demasiada materia verde; la defoliación completa de una rama causará su muerte. A diferencia de los árboles de hoja caduca, los perennifolios no producen hojas fácilmente en las ramas defoliadas; deben dejarse algunas hojas en los extremos de las ramas para que actúen como succionadores de savia.

## Cuidados del árbol
## recolectado

El cuidado inmediato después de la recolección es probablemente el factor más importante en la supervivencia del material recolectado.

Obviamente, cuanto más tiempo pase el árbol desenterrado más susceptible es a la desecación. Inmediatamente después de llegar a casa, es aconsejable plantar el árbol en un lecho de recolección en su jardín. El hoyo donde se debe replantar el material desenterrado debe tener aproximadamente 1,2 × 1,2 m y hasta 46 cm de profundidad. El hoyo debe rellenarse con arena fina o arenisca y debe tener un buen drenaje. Una alternativa al hoyo es una caja grande llena de arena fina, o una mezcla de arena fina y turba.

Al plantar un árbol recién recolectado en estas condiciones se debe estimular el desarrollo de un buen sistema de raíces fibrosas. Algunos recolectores aconsejan el uso de una solución de vitamina B1 para ayudar a los árboles a superar el shock del transplante. Muchos creen que el líquido de vitamina B1 tiene poderes casi mágicos, y por tanto lo usan de manera abusiva en el material recolectado. Se pueden sumergir las raíces en una solución que contenga vitamina B1, o bien usar la solución dentro del agua de riego. La vitamina B1 no le hará ningún daño al árbol, al contrario, le beneficiará en cualquier caso. Una vez replantado, el árbol deberá mantenerse en un ambiente cerrado. Si se planta el árbol en un lecho de recolección, podemos cubrirlo con una bolsa de plástico. Si se ha usado una caja, entonces un invernadero fresco es una alternativa adecuada. Se debe

Encontré este aliso en la orilla de un lago cercano. El árbol estaba casi completamente dentro del agua, lo que significa que simplemente lo arranqué con todo el sistema radicular. Cuando el árbol tiene un gran número de raíces finas puede plantarse directamente en una maceta de adaptación, o en una de bonsai. Este aliso sólo requirió una mínima cantidad de recorte básico y, al año siguiente debería dar lugar a un aceptable bonsai. Los alisos prosperan en el agua y les sienta bien estar situados en una cubeta llena de agua durante la estación de crecimiento. Estos árboles crecen vigorosamente y necesitan ser cambiados de maceta anualmente.

Este alerce se recolectó en una turbera en Escocia durante el seco y caluroso verano de 1976. La parte superior del árbol había muerto y solamente una rama lateral se mantenía viva. **Abajo:** Se plantó en una maceta grande y la rama principal muerta fue acortada. Durante los dos años siguientes la mayor parte de las ramas vivas que quedaban fueron eliminadas o raspadas, dejando sólo una rama principal inclinándose hacia la derecha. **Izquierda:** El árbol tiene ahora 74 cm de alto, con un diámetro de tronco de 10 cm.

ensombrecer adecuadamente el invernadero cuando llegue el verano, para que no se caliente demasiado. La intención es la de proporcionar una atmósfera muy húmeda para reducir la transpiración, aliviando así el sobreesfuerzo del sistema radicular y ayudando al árbol a recuperarse lo antes posible. Es desaconsejable fertilizar un árbol recién recolectado a no ser que esté creciendo muy vigorosamente, como por ejemplo, si el árbol ha sido desenterrado con un gran número de raíces. Cuando un árbol está luchando por sobrevivir, no se debe abonarlo. La prisa excesiva y la fertilización prematura pueden hacer más mal que bien. Siguiendo estas recomendaciones, la mayoría de los árboles recolectados en el campo no sólo sobrevivirán sino que prosperarán.

En 1986, la rama principal, alta y raspada fue esculpida con una máquina de fresar y la base del tronco fue vaciada parcialmente. Esto se realizó para crear la impresión de un árbol áspero castigado por el viento, el cual ha sobrevivido a los elementos durante muchos años.

Un bonsai potencial puede encontrarse en todo tipo de sitios aparentemente inadecuados. **Arriba:** Este ejemplar de ligustro chino se recogió en el vertedero local de basura. El recorte y adaptación iniciales llevó tan sólo unos pocos minutos, lo que prueba que no necesariamente se tardan años en obtener un bonsai. **Derecha:** Las plantas que se usan para los setos, como el ligustro chino, son particularmente adecuadas para obtener bonsais ya que son plantas vigorosas que se usan para cultivo en condiciones toscas. Este ejemplar está ahora en vías de convertirse en un atractivo bonsai.

Un pino silvestre (*Pinus silvestris*) que se recolectó hace 15 años cuando era un arbolillo, y está siendo adaptado al estilo cascada. Aunque el tronco y follaje se han desarrollado considerablemente a lo largo de los años, el árbol todavía necesita ser retocado. En primavera será replantado en una maceta alta para el estilo cascada, y el follaje será disminuido en pequeñas masas.

## Adaptación del árbol

Una vez que un árbol recolectado está creciendo sano, el siguiente paso es adaptarlo o moldearlo para convertirlo en un buen bonsai. Sin embargo, no se debe ser tan impaciente como para empezar a adaptar árboles nuevos. Los recolectores japoneses siempre dejan crecer un árbol al menos durante un par de años antes de iniciar cualquier adaptación. Aunque puede que no sea necesario esperar tanto, se debe estar seguro de que el árbol está creciendo vigorosamente. La impaciencia, o un diseño inadecuado pueden arruinar un árbol potencialmente bello. En la mayoría de los árboles recolectados, una buena parte del trabajo comprendido en diseño ha sido ya realizado por la naturaleza, y el papel del artista del bonsai consiste en realzar sus cualidades de belleza al máximo. Ante la duda, se debe buscar siempre otra opinión bien informada o, si es posible, consultar a un maestro del bonsai que podrá sugerir las mejores formas en que se puede diseñar el árbol. Las características del diseño de los árboles recolectados nunca deben exagerarse, o el carácter natural del árbol se perderá. Debido a que los árboles recolectados han sido moldeados por la naturaleza, raramente caen dentro de alguno de los estilos de bonsai tradicionales. El aficionado no debe sentirse desanimado por ello. De hecho, sería un error forzar al árbol a adoptar un estilo formalmente reconocido. La frescura y vitalidad de un diseño informal sobrepasa la conveniencia de poderlo clasificar en un determinado estilo.

La incorporación de madera seca al diseño de un bonsai produce un efecto dramático. Normalmente, este efecto se crea arrancando la corteza de un árbol vivo, o usando un árbol ya parcialmente muerto. Sin embargo, el método que se ilustra aquí, que implica colocar un árbol vivo alrededor de uno muerto que hace de huésped, produce más rápidamente el efecto que cualquier otro método. **Derecha:** Los juníperos son ideales como árboles huésped muertos ya que su madera dura mucho tiempo y no se pudre fácilmente. **Más a la derecha:** Este junípero de cuatro años de edad se obtuvo a partir de un esqueje y ahora tiene un tronco de unos 13 mm de grosor.

**Arriba:** Para preparar el árbol vivo, eliminar completamente la corteza de uno de los lados. Colocar la parte pelada contra el árbol huésped y atar ambos fuertemente entre sí. Se puede usar cobre fino o clavos de latón para fijar el árbol vivo al huésped, y tiras de plástico blando para ayudar a sujetarlo. **Izquierda:** El árbol se enrolla fuertemente alrededor del huésped. Ahora se debe plantar en una maceta o en el suelo y dejarse desarrollar. El tronco se engrosará gradualmente, expandiéndose y ocupando todas las hendiduras que presente el huésped. Durante un período de cuatro o cinco años, el árbol vivo formará callos y se adherirá al árbol huésped, hasta que el observador sea incapaz de decir que el bonsai se formó a partir de dos árboles.

# Bonsais
# a partir
# de árboles
# de vivero

Nunca se le ocurre al principiante que es posible utilizar los productos de un vivero como materia prima para el bonsai. Y sin embargo, si un bonsai está bien diseñado, pocas personas sospecharán que haya sido creado a partir de material corriente de un garden center o de un vivero. A pesar de su enorme potencial, pocas veces se utiliza al máximo esta fuente de bonsais. Ello ocurre en parte por ignorancia, y en parte por esnobismo. Existen coleccionistas de bonsais que nunca aceptarían utilizar productos de un vivero, y lo considerarían como de segunda categoría. Sin embargo esta actitud va cambiando y a medida que más gente se interesa por el lado creativo del bonsai se va utilizando más el material procedente de viveros.

La expresión "productos o material de viveros" se utiliza para describir aquellos árboles y arbustos que se venden al detalle en lugares como "garden centers" y viveros. Los árboles de vivero pueden ser de muchos tamaños y formas, pero por razones comerciales tienden siempre a ser más bien pequeños. Los árboles se venden generalmente en contenedores de 1 a 3 litros y alcanzar como máximo 1,2 m de altura. Desde luego hay excepciones y, a veces, pueden conseguirse árboles que lleguen a 4,5 m, plantados en macetas o contenedores de 25 a 30 litros.

La gran ventaja de utilizar materiales de viveros para el bonsai es la gran variedad de especies, formas y tamaños disponibles para elegir. Esta modalidad es especialmente válida si se trata de crear bonsais grandes. A pesar de que también puede haber la posibilidad de recolectar árboles adecuados en el campo, en general, suelen ser especies corrientes de bosque, como los pinos, alerces, hayas, robles y juníperos. En los bosques occidentales es casi imposible encontrar especies ornamentales como el arce japonés, agracejo y otros árboles exóticos con excepción de los garden center.

Irónicamente, hay que tener en cuenta que los mejores ejemplares de un garden center no son precisamente el material ideal para un bonsai. En su lugar hay que

Una vista de los lechos de pinos en el vivero de bonsais que dirige mi esposa Dawn. Estos pinos han sido seleccionados individualmente en viveros comerciales por sus posibilidades potenciales como bonsais y todos se irán formando en su momento adecuado.

Este ejemplar del arce japonés de montaña tenía 38 cm de altura y un tronco de menos de 25 mm de diámetro hace quince años. Ahora tiene 76 cm de altura con un tronco de 8 cm. La hermosa ramificación de las ramas se ha conseguido a base de pinzar constantemente los extremos en crecimiento. Los arces se valoran mejor en invierno, porque sólo entonces puede apreciarse por completo la estructura y trazado de las ramas.

buscar los de segunda categoría o de saldo que tienden a tener los troncos retorcidos, las ramas en desorden y follaje poco denso. Estos ejemplares harán bonsais extremadamente interesantes porque los troncos y las ramas se adaptarán fácilmente a la forma que se les dé. Otra razón por la cual los árboles de vivero son una buena materia prima para bonsais es que se venden en contenedores. El material que ha crecido en contenedores, ofrece enormes posibilidades porque puede manejarse en casi cualquier época de año. Por añadidura, el sistema de raíces probablemente será muy compacto y permitirá replantar el bonsai en su maceta casi inmediatamente. Por otro lado, los árboles plantados en contenedores pueden tener la desventaja de las raíces enredadas, incluso pueden tener raíces que envuelven la base del tronco. Esta forma no sólo no es atractiva sino que puede condenar a muerte el árbol. Esto quiere decir que hay que examinar cuidadosamente las raíces antes de seleccionar el árbol.

## La selección de los árboles adecuados

Es necesario tener mucha habilidad para descubrir un bonsai en potencia al buscar por los viveros. No solamente es difícil hacer la elección sino que en general los árboles más interesantes para crear un bonsai son los que están escondidos en la parte menos llamativa de las zonas de venta porque son los menos interesantes para el cliente normal. Muchos árboles de vivero pueden convertirse fácilmente en un bonsai aceptable, siempre y cuando uno esté dispuesto a ser muy duro en la poda inicial de la copa y de las raíces. Los árboles de vivero se cultivan principalmente por su sano follaje, y esto quiere decir que tienden a desarrollar demasiada copa para el propósito de crear un bonsai, y que los troncos son relativamente delgados en comparación con las ramas. Por consiguiente es importante escoger un árbol con un

tronco que tenga una base bastante gruesa y con ramas que empiecen desde abajo. Los árboles con troncos finos delgados y ramas muy altas tienen pocas posibilidades.

Al seleccionar un árbol, deben ser considerados varios puntos. En primer lugar, el tronco. Frente a una asombrosa variedad de árboles, la tendencia natural es buscar los que tienen el tronco más grueso. Sin embargo la forma y aire del tronco son más importantes que un grosor general. Debe ser ancho en la base y que vaya disminuyendo gradualmente hacia la copa.

Luego habrá que examinar las raíces. Los árboles de vivero a menudo se plantan con máquinas automáticas que los introducen en las macetas, lo que quiere decir que no se ha dado a las raíces la oportunidad de extenderse como debieran. Además, los árboles están plantados unos cinco centímetros más hondo de lo necesario, por lo que invariablemente habrá de 2,5 a 5 cm de tronco enterrado bajo la superficie. Observando la base del tronco, justamente a nivel del suelo, se puede tener alguna indicación de la estructura y dirección de las raíces.

En tercer lugar, se debe examinar la estructura de las ramas. Mientras más ramas tenga el árbol, mejor, y deberían extenderse desde la parte inferior del tronco. En lo posible, una gran cantidad de ramas deberían ser de un grosor uniforme, y los árboles que tienen las ramas demasiado gruesas o demasiado finas deben ser desechados. Si las ramas son muy gruesas en relación con el tronco, el árbol parecerá desequilibrado; por otro lado, si las ramas son demasiado finas, tardarán mucho en desarrollarse hasta el momento en que puedan utilizarse para el último diseño previsto. Las condiciones en que están las hojas no son necesariamente importantes. Los árboles que se han dejado en sus recipientes durante largo tiempo pierden vigor. Sin embargo, se recuperan rápidamente si se desenredan sus raíces, se transplantan a un contenedor más grande y se les da una pequeña dosis de fertilizante de efecto rápido.

Casi todas las variedades de árboles de vivero pueden utilizarse para el bonsai. Esta picea de Alberta enana (*Picea Albertiana conica*) tiene unos veinticinco años, y 1 m de altura, con un tronco de 5 u 8 cm de diámetro.

Antes de podar o recortar un árbol es conveniente pasar algún tiempo observándolo, con el fin de determinar cuál · será la parte frontal y decidir qué ramas hay que conservar.

Una poda juiciosa ha transformado una picea corriente de vivero en un bonsai. Obsérvese cómo se han ido seleccionando las ramas de manera que se estructuren en fila, lo que permite a quien lo contempla ver el tronco y la estructura de las ramas. A pesar de que la forma básica del bonsai ya se ha determinado, el árbol se irá perfeccionando y desarrollando en los años venideros.

## JUNÍPERO DE VIVERO

**Centro:** Este perfecto bonsai de junípero chino, se ha creado en tan sólo seis años a partir de material de vivero similar al árbol mostrado en la foto de la derecha y tiene 60 cm de alto, con un tronco de 25 mm de diámetro. Existe alguna confusión sobre la definición de "junípero chino" utilizado como bonsai. En muchos libros japoneses sobre bonsais, la variedad de junípero chino se describe con frecuencia como el *Juniper sargentiana* o *Juniper chinensis* variedad "Shimpaku". Se caracteriza por un follaje regular, espeso y parecido a una cuerda y es casi idéntico al *Juniper media Blaauws* utilizado en este proyecto, con excepción del follaje que en la variedad Blaauws es más azulado y necesita un pinzado más frecuente para producir hermosas masas de follaje.

El primer paso para transformar el árbol en un bonsai es sacarlo de la maceta a principios de la primavera. Separar, rastrillar las raíces con un cultivador de tres brazos. Esto las desenredará, así como también permitirá organizarlas radialmente.

Ahora deberá plantarse el árbol en una maceta plana, de manera que las raíces puedan acostumbrarse a estar plantadas en una maceta de bonsai. Una vez se ha plantado el árbol, las ramas pueden torcerse hacia abajo con alambre para que crezcan de forma radial hacia el exterior y hagan que el árbol parezca más viejo. Cortar los extremos de todas las ramas a fin de que se creen masas de follaje.

Sobre estas líneas: Cuatro meses después de su recorte y moldeado iniciales, el junípero ya está en camino de convertirse en un atractivo bonsai, a pesar de que las masas de follaje son aún pobres para dar la impresión de un árbol adulto. A la izquierda: La adaptación o moldeado de este árbol difiere de lo que se ha descrito, ya que durante los dos primeros años creció en suelo abierto. Durante el segundo año, se hicieron cinco acodos aéreos de las ramas superfluas. En el tercer año el árbol se desenterró, se rastrillaron las raíces y se volvió a colocar en el suelo. Al cuarto año el árbol se plantó en una gran bandeja de plástico para que pudiera dársele forma de bonsai y se cuidara adecuadamente. Al quinto año, fue alambrado con cable grueso de aluminio y se plantó en esta hermosa maceta de Gordon Duffet. A pesar del grueso alambre, el árbol está ya actualmente en condición de ser expuesto, la única adaptación posterior es pinzarlo constantemente en los extremos de follaje.

# Diseñar el árbol

La forma del tronco es el factor clave en el diseño global del bonsai. Aunque es posible doblarlo y darle la forma que se desee mediante el uso de alambre, es mucho mejor limitar esta manipulación al mínimo para que el tronco parezca natural. No debe olvidarse que siempre hay que trabajar con la naturaleza en vez de hacerlo contra ella. Por ejemplo, si un árbol de vivero tiene un tronco bastante recto, lo que tiene sentido es adaptarlo en el estilo erecto formal. El tronco de un árbol de estilo erecto formal debe de ser completamente recto. Por consiguiente, si aparece la más mínima huella de desviación del tronco, debe de rectificarse. La posición de las ramas es vital: dentro de lo posible tienen que surgir en las posiciones clásicas. La primera rama debe estar a la derecha o a la izquierda, apuntando ligeramente hacia delante, la siguiente rama debe estar en el lado opuesto y también tiene que apuntar ligeramente hacia delante la posición de las "ocho y veinte", mientras que la tercera rama debería estar hacia atrás y así sucesivamente.

En la mayoría de diseños, excepto en los literarios las ramas posteriores son muy importantes porque proporcionan perspectiva al diseño del árbol. Hay que recordar que la forma global del árbol

## ESTRUCTURANDO UN ARCE

**Derecha:** Un arce japonés que fue trasplantado completo, incluyendo el cepellón, en otoño y luego envuelto en arpillera. Tiene unos 90 cm de alto, con un tronco de 2,5 cm de diámetro. Al recortar un árbol caducifolio se puede quitar hasta el 80% de la estructura de las ramas. **Más a la derecha:** Hay que seleccionar una rama principal que proporcione una buena forma al crecer. Hacer un corte al biés y eliminar todo el árbol por encima de este punto. Aplicando una pomada selladora a los cortes se facilitará una rápida cicatrización y la prevención de infecciones.

**A la derecha:** Es importante invertir tiempo estructurando un árbol, ya que si desde el principio está en el buen camino, el aficionado se ahorrará gran cantidad de trabajo inútil. **Más a la derecha:** Los puntos fundamentales de este ejemplar son la abundancia de raíces y la hermosa forma en que se extienden. Con el tiempo estos atributos contribuirán a producir un bello árbol con un aspecto equilibrado.

debe ser siempre triangular, y también que la copa debe ser ligeramente redondeada y densa. Solamente los bonsais adultos tienen copas redondas, los inmaduros o los recién formados o moldeados tienen vértices finos y poco poblados. Si un tronco de árbol de vivero no tiene una buena forma en la que su tamaño disminuye gradualmente no hace falta rechazarlo; una buena forma puede crearse cortando la rama principal en el punto apropiado y haciendo crecer otra nueva. El recortar repetidamente la rama principal hará que con el tiempo se produzca una buena y regular forma cuyo tamaño disminuye gradualmente.

Es importante desarrollar buenas raíces radiales desde muy pronto porque es muy difícil rectificar malas raíces cuando el árbol tiene mayor edad. Si las raíces que emergen de la base del tronco son aún bastante flexibles, hay que rastrillarlas, extenderlas radialmente y luego fijarlas con trozos de alambre a los que se les ha dado la forma de horquilla del cabello. Un buen sistema de raíces radiales debería parecerse a los radios de una rueda, además debe parecer que sirven de apoyo al tronco cuando éste surge del suelo.

Como ya mencioné anteriormente, la condición del follaje no es extremadamente importante, porque puede mejorarse con una nutrición

La transformación de árboles de vivero en bonsais puede conseguirse en un período muy corto. **Arriba:** Este gran *Picea orientalis* tiene 1,6 m de alto. Se compró en un vivero un año antes, se han aclarado sus ramas, se podaron mucho las raíces y se plantó en una maceta para su adaptación. **Izquierda:** Tres horas después, se habían eliminado todas las ramas extrañas y las que se conservaron se alambraron para inclinarlas hacia abajo. Por consiguiente, ya se estableció la estructura básica y en los próximos años se procurará ayudar al desarrollo del follaje. La señal blanca en la maceta indica la parte frontal del árbol.

ARCES A PARTIR DE SEMILLA

**A la derecha:** Estas plántulas de arce
japonés se dejaron crecer sin control
durante dos años. Al tercer año se
recortaron a 20 cm, lo que favoreció un
crecimiento vigoroso. Ahora, a los cuatro
años, han alcanzado una altura de 56 cm
y un tronco de 8 mm de diámetro.

**Arriba:** Los arces de este tamaño tienen
troncos muy flexibles, lo que quiere decir que
puede dárseles cualquier forma con el alambre.
He utilizado un alambre blando 100% aluminio
en estos arbolillos. **A la derecha:** Una vez
alambrados estos árboles pueden manipularse
cuidadosamente hasta obtener la forma
deseada. Aquí se ha creado una suave curva
en "S".

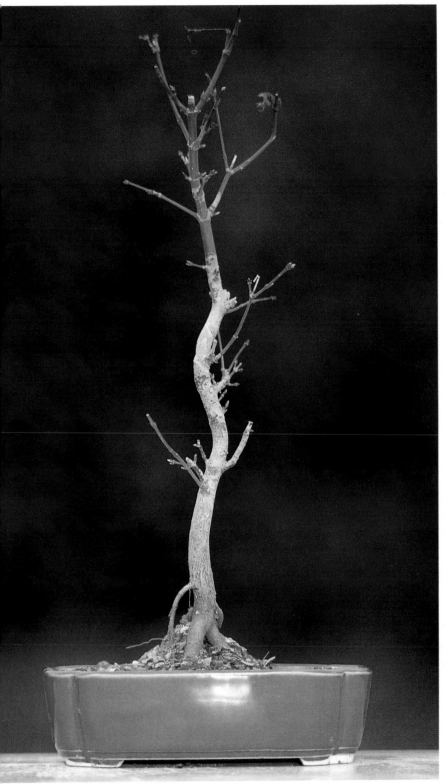

**Izquierda:** Este arce creció a partir de semilla, y ahora tiene ocho años. El tronco ha sido moldeado en una agradable forma de "S" y todas las ramas se podaron repetidamente. En los siguientes años se permitirá crecer libremente las ramas para formar la estructura básica del árbol. Se ayudará al rápido crecimiento del tronco y de las ramas plantando el árbol en una maceta de adaptación bastante grande.

**Arriba:** Este manzano silvestre se está desarrollando a partir de material de vivero. Era un árbol bastante crecido con una altura de 1,2 m y un tronco de 5 cm de diámetro. Se le hizo crecer una nueva rama principal y todas las demás han vuelto a crecer en los últimos dos años. Las ramas necesitan alambrarse de nuevo en esta etapa, si no pronto se volverían demasiado rígidas.

Este bonsai de rododendro en plena floración se creó a partir de material corriente de vivero. Sus hermosas flores rosadas siempre producen la admiración entre el público, cuando se expone en el famoso Chelsea flower show (Exposición de flores de Chelsea), de Londres.

adecuada. Lo importante es la estructura real de las ramas. Es esencial establecer la estructura correcta de las ramas desde el principio, porque esto es lo que determinará la forma del árbol para toda su vida como bonsai. Por lo tanto vale la pena sacrificar algún tiempo en las primeras etapas de su desarrollo a fin de perfeccionar la estructura, en vez de apresurar el proceso y tener luego que hacer correcciones posteriores.

Con árboles de vivero de hoja caduca, si las ramas no están en la posición adecuada o tienen un grosor erróneo vale la pena quitarlas todas, de manera que sólo quede el tronco básico. Así, cuando las ramas vuelven a crecer se puede estar seguro de que emergen exactamente de los puntos correctos del tronco. Los aficionados se sienten muchas veces nerviosos si tienen que recortar demasiado un árbol, pero esto es con frecuencia esencial para convertir un árbol en un bonsai.

Sin embargo, hay una regla fundamental: si se le quitan todas las hojas a un árbol de hoja perenne el árbol muere, con las únicas excepciones de las azaleas y los rododendros.

## Conservar el diseño

Una vez se ha creado la estructura básica del bonsai, las partes blandas en crecimiento requieren un pinzado constante para mantener la forma global del árbol. Este pinzado constante también garantiza que las ramas se dividirán en más ramitas y por lo tanto producirán una buena "ramificación". Este trabajo es muy laborioso y puede necesitar años para ser perfecto. En general, la idea es crear una forma para la estructura de las ramas cuyo tamaño disminuya gradualmente en forma de punta de flecha para la estructura de las ramas la cual unida a la forma general triangular proporcionará un diseño muy elegante.

El moldear con alambre es también esencial ya que esto proporciona al árbol su forma precisa, sobre todo en el recién creado.

Es muy poco frecuente encontrar un árbol que tenga ya la forma deseada. En las ramas más finas, el alambre sólo necesita mantenerse durante una sola estación de crecimiento, mientras que los alambres en las ramas más gruesas y en los troncos deberían dejarse durante dos años.

# Árboles de vivero adecuados para bonsai

## Árboles de hoja caduca

Acer palmatum y *japonica*

Aesculus

Amelanchier

Azalea (la mayoría de variedades)

Berberis (la mayoría de variedades)

Buxus (Boj)

Camellia (la mayoría de variedades)

Caragana (conocido como árbol de guisantes chino)

Carpinus (Abedul)

Cercidiphyllum

Cercis siliquastrum

Chaenomeles (Membrillo de flor)

Cornus (la mayoría de variedades)

Corylus (Avellano)

Cotinus

Cotoneaster (la mayoría de variedades)

Crataegus (Espino blanco)

Eleagnus

Escallonia

Euonymus (Evónimo)

Fagus (Haya)

Forsythia

Hedera (Hiedra)

Ilex (Acebo)

Laburnum

Ligustrum (Ligustro)

Lonicera nitida (Madreselva arbustiva)

Magnolia (sólo adecuadas *stellata* y *liliflora*)

Malus (Manzano silvestre)

Morus (Morera)

Nothofagus (muchas variedades de haya meridional)

Potentilla

Prunus (la mayoría de variedades exc. *P. laurocerasus*)

Pyracantha

Quercus (roble)

Rhododendron (sólo las variedades de hoja
 y flor pequeña)

Salix (Sauce)

Sophora japonica

Stephanandra incisa

Tamarix

Ulmus (Olmo)

Viburnum (especialmente *V. Plicatum tomentosum*)

Wisteria

## Coníferas

Cedrus atlantica

Cedrus deodora

Cedrus libani

Chamaecyparis lawsoniana "Elwoodii"

Chamaecyparis obtusa "Nana gracilis"

Chamaecyparis pisifera "Boulevard"

Chamaecyparis pisifera filifera

Chamaecyparis pisifera plumosa

Chamaecyparis pisifera squarrosa

Chamaecyparis thyoides "Andalyensis"

Cryptomeria japonica (la mayoría de variedades)

Ginkgo biloba

Juniperus chinensis (la mayoría de variedades)

Juniperus communis (la mayoría de variedades)

Juniperus media (incluyendo "Blaauws")

Juniperus media "Hetzii"

Juniperus media pfitzeriana

Metasequoia

Picea abies "Echiniformis"

Picea orientalis

Picea glauca o "Albertiana conica"

Pinus (la mayoría de especies). En particular

 Pinus mugo

 Pinus parviflora "Templehof"

 Pinus parviflora "Negeshi"

 Pinus strobus nana

 Pinus sylvestris (la mayoría de variedades,
  particularmente "Beuvronensis")

Taxodium distichum

Taxus baccata (Tejo inglés)

Taxus cuspidata

# 7 Bonsais a partir de árboles grandes

Los bonsais grandes, al igual que los grandes cuadros tienen una calidad propia especial. Del mismo modo que el impacto de un cuadro grande es diferente del de una pintura pequeña, también en los bonsais, la impresión producida por un gran bonsai es completamente distinta de la que crea un árbol mucho más pequeño. Un "gran" bonsai puede tener desde 0,6 a 1,2 m de altura y puede llegar a pesar de 50 a 70 kg. Estos árboles producen una sensación de poderío inmenso y de grandiosidad, y su gran apariencia ha hecho que muchos aficionados a los bonsais se concentren exclusivamente en grandes ejemplares. El resultado es que está aumentando, el número de esto árboles en las importantes exposiciones de bonsais.

La materia prima para un bonsai grande no es tan fácil de conseguir como la que describíamos en el capítulo anterior. En el mercado de la horticultura, estos árboles se conocen como árboles de paisaje o árboles atractivos, y se cultivan para los jardineros paisajísticos profesionales en viveros especiales.

Los árboles de paisaje tienen un tronco de 1,8 a 2,5 m de altura y su diámetro nunca es inferior a 8 cm. Algunos de los ejemplares más grandes pueden llegar a tener de 7,6 a 9 m de alto con un cepellón de raíces que llega a pesar casi media tonelada. Aunque parezca increíble, incluso estos árboles pueden ser un bonsai en potencia.

No es recomendable para el aficionado novato convertir este material en bonsai porque se requiere experiencia y utilizar técnicas especiales. Sin embargo, para los aficionados más adelantados, los árboles de este tamaño ofrecen enormes posibilidades para crear bonsais muy espectaculares.

A pesar de que este junípero chino ha sido moldeado y desarrollado con las técnicas tradicionales del bonsai con una altura de 2,5 m es demasiado grande para ser definido como tal, incluso así, árboles como éste son bellos por sí mismos. Este ejemplar fue importado de Japón por un vivero de bonsais de Holanda.

## Dónde encontrar árboles grandes

No hay muchos viveros que se especialicen en material de paisaje; en parte porque es un mercado muy especializado y en parte porque muchos

Este cerezo de floración invernal *(Prunus subhirtella)* es un buen ejemplo de lo que se puede conseguir adaptando un árbol grande de vivero. El árbol original tenía 2 m de altura; hace cuatro años fue reducido a 46 cm. Desde entonces han crecido las ramas y también una nueva rama principal. El tronco tiene ahora 10 cm de diámetro y el árbol 80 cm de altura. A pesar de que el árbol necesita aún mucha adaptación y moldeado es ya un bonsai bastante aceptable.

de los especialistas cultivan sus propios árboles. Incluso si se puede encontrar un vivero que produzca este tipo de material, no necesariamente lo tendrá a la venta, aunque es posible persuadir al viverista que venda uno o dos árboles.

Algunas corporaciones ciudadanas arrancan los árboles viejos, estropeados, o que molestan y si se puede persuadir a las autoridades para que permitan al aficionado llevarse estos árboles, se pueden convertir en un material muy aceptable para bonsai. Por lo tanto, vale la pena ser un buen observador. Si todo esto falla no queda otra solución que plantar uno mismo ejemplares de gran tamaño. Esto no es tan difícil como se imagina comúnmente. Todo lo que se necesita es un poco de terreno y un poco de paciencia.

## Cultivar nuestros
## propios árboles

Muchas variedades de árboles, si se plantan cuando tienen el grosor de un lápiz, pueden aumentar su diámetro de tronco hasta 5-8 cm en aproximadamente 8-10 años. Algunas de las variedades más vigorosas, como el abedul y el arce tridente, en el mismo período pueden llegar a producir un tronco de 10 a 13 cm de diámetro en el mismo período. Como regla general, mientras más cálido es el clima, más prolífico y vigoroso es el crecimiento.

También existen varias formas de ayudar al crecimiento: abonando mucho el árbol durante la estación de crecimiento: cuidando que no crezcan malas hierbas en el área que rodea al tronco para que el árbol no tenga que competir por los nutrientes, y ayudar a los tallos que crecen desde la base, ya que esto no sólo ayuda a que el tronco se haga más grueso, sino que además le da una mejor forma.

De hecho, cultivando nuestros propios ejemplares se puede llegar a resultados muy superiores a los obtenidos con los de viveros profesionales, porque se puede controlar su forma y el desarrollo del tronco desde las primeras etapas. Muchos árboles callejeros se cultivan como referencia lo que significa que se arrancan los tallos de la base y las ramas inferiores, para dejar un tronco limpio. Este método no ayuda a engrosar el tronco tan rápidamente ni produce tampoco una buena forma.

Este tejo procedente de vivero es un material para bonsai: 1,5 a 1,8 m de altura, con un tronco de 8 cm de diámetro. Tiene unos treinta años. La poda regular de vivero le ha dado una apariencia compacta y espesa, además, se han recortado sus raíces por debajo, con ello es fácil arrancarlo y plantarlo en una maceta. En un árbol parecido conseguido en un jardín o en el campo, las raíces no sería tan perfectas. Esta característica es una de las grandes ventajas de utilizar árboles de vivero.

Si se puede esperar dos años habría que considerar el realizar un acodo aéreo, pero también se puede crear un bonsai en un par de horas, cortando del todo la copa del árbol y prescindiendo de ella.

Decidí que este árbol en particular, sería mucho más interesante si creaba un jin (madera seca). El primer paso es decidir cuál será el punto adecuado para cortar el tronco.

Aserrar de un tercio a la mitad del tronco, cortando en dirección de éste y apuntando la hoja de la sierra hacia arriba. Torcer el tronco hasta que se rompa y arrancarlo. El arrancado crea una textura más natural que el cortado.

El árbol ha sido reducido a 90 cm; la etapa siguiente es desenvolver la arpillera y examinar las raíces. Idealmente, deberían extenderse radialmente desde el tronco.

Cuando se diseña un árbol una de las decisiones más fundamentales será la elección de su parte anterior frontal y posterior. Los factores determinantes serán la posición de las raíces y las ramas.

Cuando se da forma a un árbol hay que tener una mentalidad abierta y continuar estudiando el árbol a medida que se va alterando. A medio camino es posible que se decida que el árbol debe considerarse desde otro ángulo. Aquí, por ejemplo, decidí cambiar la parte posterior del árbol a la frontal, porque así se permitía que apareciera más jin (madera seca) en la parte de delante.

En general, el jin se crea pelando la corteza para que se vea la madera muerta. Sin embargo se puede también esculpir la madera con una fresadora. Esto da al tronco una apariencia más interesante y añade una nueva dimensión al arte del bonsai, el cual convierte un árbol en una escultura viviente.

Una fresadora es una herramienta eléctrica de gran potencia y debe utilizarse con mucha prudencia. Es esencial sujetar firmemente la fresadora, si resbala o se mueve sin control puede producir graves heridas. **Arriba:** Trazar la madera poco a poco, y mover la máquina lentamente, ya que de lo contrario se puede hacer mucho daño o incluso matar grandes secciones del árbol. **Izquierda:** La estructura básica del bonsai está completa. En un clima frío el árbol necesitará protección en invierno (preferentemente en un invernadero sin calefacción). El tejo se adapta especialmente para ser esculpido y para el jin, así como el enebro, el alerce y el pino. Raramente se realiza jin en árboles de hoja caduca, en parte porque la madera de estos árboles es de corta duración.

# Cómo seleccionar
## los árboles adecuados

Muchos de los árboles que se pueden encontrar en los viveros especializados son corrientes. Estos árboles tienen un tronco muy derecho, sin ramas hasta 1,8-2,5 m y con una copa ramificada en la cima. Normalmente están plantados muy cerca unos de otros, lo que les ayuda a crecer tan rectos.

Los árboles callejeros son en general de hoja caduca porque resisten mejor el aire polucionado de las ciudades que los árboles de hoja perenne. La razón de esto es que cuando los poros de las hojas quedan taponados por los humos y la suciedad, los árboles de hoja caduca pueden rejuvenecerse perdiendo cada año las hojas. En cambio, los de hoja perenne no pierden las hojas con tanta frecuencia y por consiguiente no tienen capacidad para librarse de la suciedad

### PROYECTO DE ARCE TRIDENTE

Al convertir un árbol de hoja caduca en un bonsai es importante tratar de visualizar el aspecto futuro del árbol. **Derecha:** Este arce tridente tiene capacidad para convertirse en un árbol fuerte, con hermosas raíces que parecen agarrar el suelo. Hasta esta etapa ha estado plantado en el suelo durante ocho años y su tronco se ha ensanchado de 25 mm a 15 cm. El árbol estaba plantado encima de una piedra para hacer que las raíces se desarrollaran extendiéndose, mientras que al pinzarle la copa se han desarrollado más ramas cerca de la base. **Más a la derecha:** Se escogió una nueva rama principal, no porque fuera la rama más gruesa sino porque crecía con la inclinación deseada.

**Derecha:** Los arces tridentes son árboles vigorosos, lo que quiere decir que los cortes cicatrizarán en un par de años. De hecho estas cicatrices pueden hacer que el tronco parezca viejo y nudoso, lo que añade atracción al árbol. **Más a la derecha:** Para decidir la parte frontal de un árbol hay que estudiarlo desde todos los ángulos. No olvidar que el tronco determinará el aspecto del árbol. Aquí el árbol se ha situado en una posición alternativa dándole a la rama principal una disminución gradual mucho más bonita que la rápida inclinación previa.

que se recoge en sus poros. En los pocos casos en los cuales se utilizan árboles de hoja perenne se utilizan como árboles callejeros.

Los árboles de paisaje tienen unas posibilidades limitadas como bonsais, a no ser que puedan encontrarse árboles con los troncos ligeramente deformados. Esto quiere decir buscar árboles con troncos retorcidos. Algunas variedades de árboles como el carpe tienen troncos con hendiduras que se extienden

a 0,9-1,2 m de la base y que pueden resultar muy llamativos. (Ver pág. 101.)

Otra característica que hay que tratar de hallar en los árboles de paisaje es un buen sistema radial de raíces. La gran ventaja de los árboles de paisaje es que poseerán un sistema radicular muy compacto y fibroso, porque las raíces se han ido cortando frecuentemente para facilitar su transplante. Este compacto sistema de raíces los hace más adaptables al cultivo en maceta.

Un junípero de San José recogido en el jardín de un amigo, en 1982. Tenía unos 1,5 m de altura, con madera muerta en la base y la copa estaba compuesta de una masa de ramas rígidas, pesadas y embrolladas.

Mirar un árbol desde varios ángulos antes de decidir qué ramas hay que cortar. En gran parte, la elección determinará las partes frontal y posterior del árbol.

Mover el árbol en distintas orientaciones para ayudar a decidir cuál es el ángulo mejor. Conservar algunas de las ramas viejas para mostrar el jin. Replantar en primavera según el ángulo escogido. El mayor atractivo de este árbol es su tronco, de un grosor de unos 13 cm. El árbol necesita todavía mucho trabajo para darle forma, pero la estructura básica ya ha sido determinada.

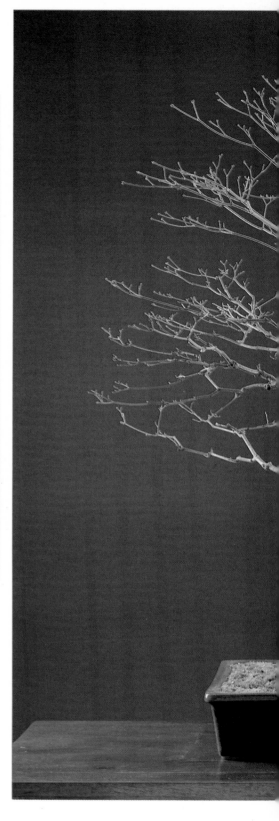

**Arriba:** Este junípero de San José fue al principio de su vida un arbusto corriente de jardín. Después de unos 30 años se había hecho demasiado grande y su destino era ser arrancado y quemado. Lo rescaté y, guiado por el gran maestro de bonsai, John Naka, lo convertí en un bonsai. Ahora tiene 76 cm de alto con un tronco de 11 cm de diámetro. Para mostrarlo de la forma más efectiva, ha sido plantado en una exquisita maceta de Gordon Duffet y colocado en una peana de roble hecha de una parte de un viejo mueble hallado en un basuero.

Arriba: Este olmo siberiano *(Ulmus pumila)* se formó a base de material grande de vivero en un período de cuatro años. Se cortó la cima a 30 cm de la base y todas las ramas han vuelto a crecer. El árbol tiene ahora 70 cm con un tronco de 10 cm de diámetro. Se ha adaptado al estilo escoba o ginesta, pero conformado como un típico olmo inglés. Izquierda: Este magnífico arce japonés de montaña tiene más de 100 años de edad. El árbol es tan viejo que gran parte de su madera ha ido desapareciendo y debe ser tratado regularmente con un conservador de madera para impedir que la destrucción progrese.

En lugar de realizar un acodo aéreo, este olmo japonés de corteza gris de 3 m fue cortado a 46 cm a principios de la primavera, y a mediados del verano ya había producido muchas ramas. Al haberse decidido el estilo escoba, se eligió la parte frontal examinando cuidadosamente la estructura visible de sus raíces. Se cortó una "V" en la parte alta del tronco, se seleccionaron las ramas que iban a formar la base del diseño y luego se eliminaron las ramas inferiores.

Durante el segundo año las ramas secundarias y terciarias fueron ayudadas a desarrollarse, creando así una copa. El árbol se plantó en una caja de cultivo en vez de plantarlo en maceta para que las raíces pudieran extenderse mejor. A los tres años el árbol se habrá convertido en un bonsai.

## Desenterrado y transplante de árboles de paisaje

Puesto que los árboles de paisaje están casi siempre plantados en el campo es mejor desenterrarlos y transplantarlos durante la estación de reposo o al principio de la primavera. La primavera es preferible, si se puede elegir. Si se trata de árboles de hoja caduca se podrá cortar el árbol a cualquier altura ya que brotará de nuevo desde la base. Sin embargo con los árboles de hoja perenne, si se eliminan completamente todas las ramas, el árbol se irá mustiando y morirá.

Después de cortar la copa, hay que sellar inmediatamente la madera para reducir la pérdida de humedad del árbol. Esto es especialmente importante en los árboles de hoja perenne. He observado que la cera de injerto es efectiva para sellar los cortes de los árboles perennifolios mientras que las selladoras a base de asfalto son preferibles para los árboles de hoja caduca.

Si aún no se ha eliminado la raíz principal hay que hacerlo inmediatamente junto con las demás raíces que crezcan directamente hacia el interior de la tierra.

## Cuidados después del transplante

Según mi experiencia, los árboles que se han transplantado de un vivero prefieren ser plantados en una tierra con mucha arena durante una estación entera de crecimiento. Esto ayudará al buen desarrollo de las raíces, así como también a que se regenere la copa.

Tratar el árbol casi como si fuera un esqueje gigante. Reforzar el tronco con estacas. Esto es muy importante porque cualquier movimiento de balanceo impedirá que las raíces crezcan debidamente, lo que a su vez retrasará considerablemente la recuperación del árbol. Si se ha eliminado la raíz central puede no ser necesario reforzar el tronco porque el árbol será ya de por sí más estable. Durante la parte inicial de la estación de crecimiento, el árbol debe regarse con frecuencia, pero no debe abonarse hasta que no se esté seguro de que está creciendo bien. Una aplicación prematura de fertilizante dañará gravemente las raíces. Se debe permitir que el árbol crezca libremente durante un año entero, de manera que produzca un gran número de ramas nuevas. Es una buena idea establecer la parte frontal y la posterior del árbol bastante pronto, de manera que se pueda ayudar a que la nueva rama principal crezca exactamente como se desee. A pesar de que una rama principal muy bien definida no es necesaria si el árbol se desarrolla en el estilo escoba, sí es esencial para los otros estilos. Una vez está creciendo el número deseado de ramas, y en los lugares apropiados, pueden pinzarse y cortarse a intervalos regulares.

Si un árbol de paisaje tiene un potencial evidente para el acodado aéreo, y si el aficionado está dispuesto a esperar un par de años, entonces se debe conservar la copa en vez de eliminarla. De este modo el árbol original podrá proporcionar los árboles adicionales prácticamente por muy poco coste.

## Ajustar el estilo al árbol

Debido a sus troncos tan rectos, los árboles de paisaje son particularmente adecuados para desarrollarse en un bonsai estilo escoba. Las variedades como el zelkova u olmo japonés y el olmo ya tienden por sí solos a hacer árboles de estilo escoba, y pueden convertirse en bonsais aceptables en tan sólo tres o cuatro años. Las variedades como el arce tridente, el haya y el carpe producen nuevas ramas muy rápidamente (generalmente entre dos y tres años) y, por consiguiente, pueden utilizarse para los estilos más tradicionales como erecto informal o erecto formal o inclinado.

La gran ventaja de utilizar árboles de paisaje para bonsais es, desde luego, el que sus troncos sean tan gruesos: esto no sólo acorta el tiempo de producción de un bonsai, sino que permite crear uno de tipo completamente distinto al de las variedades miniatura más tradicionales.

Desarrollar un bonsai a partir de estos grandes ejemplares es muy grato y ofrece un nuevo abanico de posibilidades al aficionado.

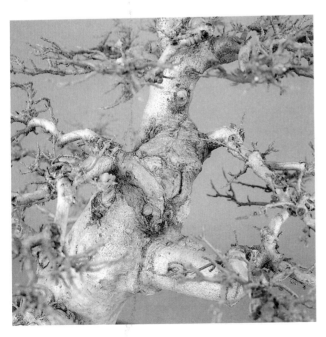

Izquierda: La magnífica calidad de este arce tridente le convierte en un verdadero ejemplar de gran categoría. **Más a la izquierda**: El pinzado constante y la poda de las ramas han dado como resultado esta hermosa ramificación de los brotes.

# 8

# Bonsais
# a partir
# de setos

Los setos, especialmente los rurales, se asocian tradicionalmente al campo inglés: la imagen popular de la Inglaterra rural es todavía una de suaves pastos entrecruzados de vez en cuando por setos bien recortados. Sin embargo, los setos no son exclusivos de Gran Bretaña. Se han utilizado extensamente en toda Europa, por lo menos desde hace cinco siglos y en los EE. UU. desde hace doscientos años. En la época actual, los setos ornamentales se han plantado extensamente en todo el mundo.

Los setos se utilizaron primeramente como límites de propiedad. Por ello son por naturaleza bajos y compactos: un seto típico no sobrepasa generalmente de 1,2 a 1,5 m.

En consecuencia, las plantas más adecuadas para este propósito son los arbustos. Si se incluyen árboles en los setos deben poder soportar el podado constante y el rebajarlos.

Resulta obvio para el aficionado al bonsai que un seto ofrece grandes posibilidades como material bien dispuesto para el bonsai.

De hecho un seto parece tener todas las cualidades básicas necesarias para ello. Las plantas o árboles de un seto han crecido durante muchos años, y durante todo este tiempo se las ha podado, recortado y rebajado constantemente hasta tener el tamaño adecuado. Este procedimiento ensancha los troncos, produce arbustos compactos y con formas interesantes y retorcidas. Esto indica que una gran parte de la formación básica ya está realizada.

Además de estas cualidades, el material de seto siempre resiste bien la poda, y puesto que las plantas crecen tan próximas unas de otras, están acostumbradas a la restricción de las raíces y aceptan bien la sombra o las condiciones de poca luz.

Sin duda alguna, los setos son una fuente de bonsai mucho más conveniente que el material silvestre.

Vistas todas estas buenas cualidades, no es sorprendente que cada vez más aficionados al bonsai descubran que los setos son una fuente extraordinariamente rica y conveniente de materia prima para

Un típico seto rural de espino blanco, que contiene también un enorme roble. El espino blanco situado en primer término tiene un tronco retorcido de forma muy bonita, de unos 13 cm de diámetro, y puede convertirse en un excelente bonsai en tres o cuatro años, una vez se haya establecido y adaptado. Sus raíces fueron preparadas para el arrancado durante la pasada primavera. En la primavera siguiente el árbol se arrancará y se plantará en una caja de recolección profunda.

Cuando adquirí este carpe
(*Carpinus betulis*) había
estado plantado en una
caja de adaptación
durante dos años; se le
había eliminado la copa y
no se veía ninguna rama
principal nueva.
Inmediatamente vi sus
posibilidades y aposté
sobre su posible
transformación en un árbol
de exposición en sólo dos
años. En primer lugar
corté todas las ramas.
Cuando aparecieron
nuevos brotes seleccioné
los que pensaba
desarrollar como ramas.
Sus puntas se pinzaron
continuamente y al final
del primer año de
crecimiento muchas
tenían 6 mm de grosor.
Antes de dos años el árbol
se mostró en la exposición
de flores de Chelsea en
Londres. En los próximos
años la estructura de las
ramas continuará
puliéndose y el vértice se
redondeará.

potenciales obras maestras de bonsai.
Los setos se dividen en dos grandes
categorías: setos rurales y setos de
jardín.

Los primeros tienden a limitarse
a las variedades tradicionales de
árboles y arbustos que responden
adecuadamente al recorte constante y a
crecer muy juntos. La tabla de la
página 107 indica las especies que
se encuentran comúnmente en los
setos rurales, así como también

las variedades menos populares.

Los setos suburbanos, por otro lado,
tienden a ser una mezcla de especies
tradicionales y ornamentales, como:
haya, tejo, madreselva arbustiva, carpe,
espino blanco, agracejo, adelfa, ciprés de
leyland, boj, forsitia, acebo, cotoneaster,
ligustro y piracanta. La lista es
interminable y con la excepción de
la adelfa y el ciprés de leyland, todas
estas plantas pueden dar lugar a
excelentes bonsais.

## Selección del material adecuado para bonsai

No todos los árboles de un seto son adecuados para bonsai: algunos pueden ser de formas tan difíciles que no pueden ser utilizados, otros pueden tener troncos sin interés, otros tienen raíces o ramas pobres, por lo tanto, habrá que ser extremadamente exigente al seleccionar los ejemplares.

Al observar un seto se verá que uno o dos árboles tienden a dominar sobre los demás, y también que algunos tienen troncos mucho más gruesos que otros. Al seleccionar una planta hay que tratar de encontrar una con todas las cualidades necesarias para un bonsai. Raíces fuertes y extendidas, troncos con buena forma y disminución, etc. Hay que recordar que los árboles con troncos bien formados, no son necesariamente los más gruesos.

Al observar en un seto un árbol que tiene cualidades para bonsai no hay que lanzarse a arrancarlo, vale la pena tomar cierto tiempo para planear muy cuidadosamente su transplante. Después de todo el árbol ha necesitado muchos años para llegar a su maravillosa forma y sería una lástima estropearlo al cavar apresurada y descuidadamente.

## Desenterrando material de setos

Si se va a arrancar un seto o va a quitarse porque ya no se necesita, deben de recuperarse los árboles y plantarlos inmediatamente. Pero si éste no es el caso, no habrá que transplantar la planta hasta la época de reposo de la misma o hasta el principio de la primavera. El ideal, si no hay prisa en transplantar la planta, será alargar la operación durante un período de dos años por lo menos. Esto es especialmente cierto en ejemplares de árboles muy viejos, ya que sus raíces invariablemente están profundamente

PROYECTO DE CARPE Los carpes son una de las variedades más fáciles de convertir en bonsai porque producen numerosos brotes en poco tiempo, y esto facilita el moldeado. Este denso carpe tiene 1,2 m de alto y 15 cm de diámetro de tronco. Se obtuvo de un seto urbano como un leño, con todas sus ramas y su copa eliminadas.

Se ha hecho crecer una nueva rama principal, o "leader", para dar al árbol una buena forma. Esta es la tercera crecida de ramas; cada año se eliminaron los brotes de los años anteriores, con la excepción de los de la copa. Esto hizo que la nueva rama principal engrosara más rápidamente.

Esta foto de detalle muestra dónde estaba una rama importante que se eliminó hace tres años. La rama estaba creciendo a 38 cm de la base y se cortó con una sierra mecánica. El corte se pulió con una fresadora eléctrica, que es una herramienta de moldeo muy precisa.

Derecha: En verano el corte que se hizo al eliminar la rama "leader" fue vaciado con una sierra mecánica. Arriba: Luego, el corte fue pulido con una fresadora eléctrica. Esto da un acabado mucho más fino que el que da la sierra mecánica, y así se ayuda a una mejor cicatrización.

enterradas en los alrededores, así como entremezcladas con las de los otros árboles del seto.

Es mejor empezar por excavar una trinchera a ambos lados del seto a unos 60 cm del tronco del árbol que se desea transplantar. Cualquier raíz que aparezca deberá ser cortada con la pala o con tijeras muy afiladas.

Es importante eliminar la raíz principal; esto puede ser difícil porque seguramente estará bien fijada.

Después de recortar las raíces más importantes, se llena la trinchera con arena fina para ayudar al desarrollo de las raíces finas y luego se deja que el árbol crezca tranquilo hasta la próxima primavera.

Una vez se ha decidido transplantar el árbol, se debe cavar una trinchera circular alrededor del tronco, la cual debe hacerse por lo menos a 60 o 90 cm de distancia del tronco, del ancho de una pala y de 30 cm de profundidad.

También ahora hay que cortar todas las raíces que se encuentren. Ensanchar luego gradualmente la trinchera hasta unos 30 a 38 cm de la base del tronco.

Continuar utilizando la pala o las tijeras para cortar todas las raíces que aparezcan para que sea más fácil el transplante.

Si es posible, cavar bajo la base del árbol de manera que la raíz principal así como las demás que crecen directamente hacia el suelo, queden separadas del tronco. Esto puede resultar muy duro pero vale la pena hacer el esfuerzo.

Si el árbol tiene un sistema de raíces bueno y compacto, será posible crear un cepellón que luego podrá extraerse fácilmente de la tierra.

Si las raíces fibrosas son pocas y separadas, es conveniente dejar el árbol en su sitio durante otro año, de manera que las raíces fibrosas secundarias puedan ser estimuladas a crecer más llenando la trinchera de arena fina, o gravilla, y cubriéndola de tierra.

Durante este tiemp se puede podar algo la copa para que crezcan nuevas ramas en la parte baja del tronco.

Una visión próxima del nuevo ápice desde la parte frontal del árbol. La parte recortada en la zona posterior casi no se nota. La copa del árbol está siendo adaptada como un pequeño bonsai, pero las ramas deben estar todas en la posición adecuada.

Una visita posterior que muestra dónde se hizo el corte para desarrollar una nueva rama principal. El corte es muy profundo, pero cuando al final cicatrice, el área se fundirá con el tronco.

## Cuidados inmediatos

Al desenterrar un árbol hay que conservar la máxima cantidad posible de raíces. Inicialmente el árbol deberá transplantarse en un amplio lecho de arena fina (de 30-46 cm de profundidad) para ayudar a que crezcan raíces jóvenes.

Los árboles caducifolios pueden cortarse a su altura final de bonsai casi inmediatamente. Pueden quitarse casi todas las ramas sin que la planta sufra; siempre aparecerán nuevos brotes y nuevas ramas a la primavera siguiente.

Sin embargo, con los de hoja perenne hay que tener cuidado de no quitar demasiado follaje de las ramas ya que ello podría matar el árbol. Las hojas verdes al final de las ramas actúan como depósitos de savia y por lo tanto tienen un papel crucial para conservar el árbol con vida. Hay que mantener un buen equilibrio entre la cantidad de raíces dejadas en el árbol, y las ramas y el follaje.

Es casi seguro que el porcentaje de éxito del bonsai creado a partir de material de setos, es más alto que el de material tomado del campo. Esto ocurre sobre todo porque el material recogido en un seto puede controlarse más cuidadosamente que el que se recoge en el monte.

**Derecha**: Vista frontal de un carpe. Cuando la cicatriz de la parte frontal se vaya cerrando, se confundirá con el tronco. También se puede llamar la atención sobre la herida vaciando el tronco, con lo que se convertirá en un tronco partido o árbol "sabamiki". **Más a la derecha**: Vista posterior del árbol en la que se muestra el prolífico desarrollo de las nuevas ramas. Éstas no deben desarrollarse en ramas terminales que serían demasiado gruesas en el momento requerido, pero es importante desarrollar la copa y una nueva rama guía o "leader".

**Más arriba:** Un tronco o tocón de ligustro obtenido de un seto. Tiene casi 13 cm de diámetro y todos los brotes han crecido en los últimos seis meses. En los próximos años, se hará crecer sólo una nueva rama principal y las ramas restantes se quitarán. De esta forma puede aprovecharse el enorme potencial del tronco y resultará un árbol atractivo y de forma correcta.

**Arriba:** Un tronco o tocón de sicómoro de 8 cm al que se le han eliminado todas las ramas. Si se conservan los sicómoros en maceta sus hojas disminuyen de tamaño.

## MATERIAL DE SETOS

Los setos proporcionan un material potencial para bonsais de todos los tipos de tamaños y especies. **Derecha:** Este olmo inglés se extrajo de un seto rural hace más o menos un año. Tiene 15 cm de diámetro y tenía aproximadamente 1,5 m de altura antes de que fuera reducido a su altura actual de 46 cm. En tres o cuatro años la nueva rama principal aumentará considerablemente de espesor, dando al bonsai una forma agradable.

**Arriba:** Los arces de campo son árboles muy resistentes y pueden recortarse frecuentemente. Los troncos de estos dos árboles varían sustancialmente, lo que indica que se han adaptado en dos estilos diferentes. **Derecha:** El haya es otra especie común de seto. Este ejemplar se cortó a la altura apropiada y se han hecho crecer ramas y una nueva rama principal.

# Convertirlo en un bonsai

Casi todas las variedades de árboles que he citado en este capítulo se pueden convertir en atractivos bonsais. Algunas responden mejor que otras a una poda profunda, pero vale la pena experimentar con diferentes especies porque la respuesta varía con el clima y con las condiciones de crecimiento.

Según mi experiencia, el haya, el carpe, el olmo, el fresno y el espino blanco se prestan muy bien ha ser convertidos en bonsais. El carpe, el olmo de setos y el haya son especialmente adecuados porque producen numerosas nuevas ramas en poco tiempo.

El acebo, el tejo y el boj son más dificultosos porque tienen un crecimiento más lento y no producen nuevos brotes tan fácilmente como sus vecinos de hoja caduca.

Además, las raíces del acebo tienden a ser muy carnosas y al transplantarse pueden pudrirse, mientras que en el caso del tejo, las raíces fibrosas se forman con dificultad y por consiguiente hay que arrancarlo con la mayor cantidad de raíz posible al desenterrarlo del seto.

Recolectar plantas ornamentales, como forsitia, cotoneaster, piracanta, y agracejo, resulta muy sencillo y muchas de las plantas tomadas de estos setos se adaptan fácilmente al bonsai.

Todas estas plantas hacen fácilmente acodos aéreos, lo que quiere decir que con frecuencia vale la pena acodar las ramas seleccionadas antes de arrancar el árbol.

Una vez se ha arrancado el árbol del seto, el procedimiento para convertirlo en bonsai es esencialmente el mismo que si se tratase de un material de vivero, o de material recogido en el campo.

El primer paso es ayudar a un buen desarrollo de las raíces y las ramas.

Con las especies de hoja caduca, se deben quitar todas las ramas excepto las seleccionadas para adaptación o moldeado. Con los de hoja perenne, conservar ramas de grosor medio y eliminar las restantes.

| **Especies más comunes de setos** |
|---|
| Fresno (*Fraxinus excelsior*) |
| Haya (*Fagus Sylvatica*) |
| Endrino (*Prunus spinosa*) |
| Olmo (*Ulmus procera* y otras variedades) |
| Arce de campo (*Acer campestre*) |
| Espino blanco (*Crataegus monogyna*) |
| Avellano (*Corylus Avellana*) |
| Acebo (*Ilex aquifolium*) |
| Carpe (*Carpinus betulus*) |
| Roble pedunculado (*Quercus robur*) |
| Sicómoro (*Acer pseudoplatanus*) |
| Tejo (*Taxus baccata*) |

**Especies menos comunes**

| |
|---|
| Aliso (*Alnus glutinosa*) |
| Manzano (*Malus sylvestris*) |
| Escaramujo (*Rosa arnensis*) |
| Retama (*Sarothamnus coparius*) |
| Cornejo (*Cornus*) |
| Saúco (*Sambucus*) |
| "Guelder rose" (*Viburnum opulus*) |
| Tilo (*Tilia cordata*) |
| Pino (*Pinus Sylvestris*) |
| Chopo (*Populus*) |
| Ligustro (*Ligustrum vulgare*) |
| Serbal (*Sorbus aucuparia*) |
| Evónimo (*Euonymus europaeus*) |
| Sauce (variedades de *Salix*) |

A pesar de que la adaptación de un bonsai a partir de setos puede parecer un procedimiento largo y aburrido, vale la pena el esfuerzo. Utilizando este método, se creará un bonsai con troncos muy interesantes en un tiempo muy corto.

**Más arriba:** Cuando se han arrancado los árboles de un seto deben ser tapados de nuevo con tierra, o con arena. Esto impedirá que las raíces se sequen y también protegerá las raíces finas. Una vez tapado, puede dejarse durante mucho tiempo antes de plantarlo en maceta. **Arriba a la izquierda:** Un carpe recogido en un seto local al que se le han quitado todas las ramas no deseadas. **Arriba a la derecha:** El espino blanco es menos prolífico y vigoroso que el carpe. Al cabo de tres años, la rama principal se está desarrollando bien pero se necesitarán otros cinco o siete años para que se convierta en un elegante bonsai. **Izquierda:** Este pequeño olmo inglés tiene solamente 25 cm de alto pero posee un tronco de 31 cm. Fue plantado en una bandeja hace un año y está siendo adaptado como bonsai.

# 9

# Plantaciones en grupo o en bosque

La mayoría de las personas que contemplan un bonsai por primera vez consideran que los bosques y plantaciones en grupo son lo más atractivo. La razón está en que una plantación de bosque es uno de los puntos álgidos de la miniatura: puede resultar tan real, que el espectador casi espera que los pájaros canten en los árboles. También es probable que la primitiva asociación del hombre con las primeras selvas sea otra razón que explique el porqué las plantaciones de bosque producen en el espectador más intensidad de sentimientos que un solo árbol.

Desde muchos puntos de vista, una plantación en grupo es uno de los aspectos más difíciles del bonsai porque requiere utilizar al máximo la estética, el diseño y los principios de horticultura. El artista de bonsai necesita ejercitar al máximo su habilidad e imaginación. La satisfacción derivada de la creación de una plantación en grupo bien hecha es similar a la que experimenta un pintor de paisaje que plasma un hermoso paisaje sobre la tela. Por consiguiente, es sorprendente que a pesar de la belleza de la plantación en grupo, no haya muchos aficionados al bonsai que dediquen mucho tiempo o esfuerzo a su creación.

La plantación en grupo o en bosque podría ser casi el tema de un solo libro; por lo tanto en este capítulo me he limitado a subrayar los principios y técnicas básicos. Esto dará información suficiente para llegar a ser bastante hábil para realizar grupos. Sin embargo, la perfección viene con la práctica y solamente a base de experimentar aumentará la habilidad.

Vistas como ésta proporcionan al artista de bonsai la inspiración para plantaciones en grupo y de bosque. Al igual que un pintor puede tratar de capturar un hermoso paisaje sobre la tela, un artista de bonsai puede tratar de recrear esta escena en miniatura utilizando árboles vivos.

## ¿Qué es un grupo?

Cualquier composición de dos o más árboles constituye un grupo. Los grupos se plantan casi siempre en números impares, en parte por tradición y en parte porque se consigue más fácilmente un equilibrio asimétrico con un número impar de árboles. Los números generalmente aceptados son 2, 3, 5, 7,

Este hermoso grupo de junípero chino fue creado por el célebre maestro de bonsai John Yoshio Naka, en 1984. El grupo consiste en 19 árboles que tienen de 10 a 25 años, el más alto posee 100 cm de alto. La composición tiene una gran profundidad y perspectiva, resultado, sobre todo, de haber situado los árboles más altos al frente y los más pequeños detrás. Observar que aunque el grupo está formado de dos subgrupos, hay unidad y coherencia. Los árboles crecen vigorosamente, lo que quiere decir que dos veces al año las masas de follaje deben ser pinzadas duramente. De todos los árboles de mi colección estos son uno de mis favoritos.

9, 11, 13 y así sucesivamente. A pesar de ello, si se utilizan más de 11 o 13 árboles, es menos importante seguir rígidamente la norma de los números impares, porque la vista no será capaz de asimilar el número exacto de árboles en una composición grande.

En una plantación de grupo cada árbol tiene un papel especial pero al mismo tiempo todos deben estar subordinados al diseño general del grupo. En un buen grupo, cada árbol debería complementar a los demás.

Ningún árbol debe entrar en conflicto con el diseño general. Este concepto de unidad es quizás el principio fundamental del diseño de grupo y de bosque en bonsai.

## GRUPO DE ZELKOVAS U OLMOS JAPONESES

Los árboles utilizados para la plantación en grupo pueden ser muy jóvenes y no necesitan ser especialmente de buena calidad. **Derecha:** Estos *Zelkova serrata* ilustran la clase de árbol que es más adecuada para la plantación en grupo. Los árboles han sido producidos a partir de esquejes, todos sacados del mismo árbol. A pesar de que ésta es la situación ideal, no es en absoluto esencial. Los esquejes tenían de 38 a 60 cm de altura. Todos ellos eran bastante rectos y el más viejo no tiene más de seis años. **Más a la derecha:** Se deben sacar los árboles de sus macetas y reducir el cepellón a un mínimo. Situar los árboles en la posición aproximada y estudiar el efecto.

Al diseñar un grupo es usual colocar el árbol principal en el centro y rodearlo con otros árboles algo más bajos, para obtener una forma global más o menos cónica. Aquí, los árboles más cortos se han colocado detrás de los más altos con lo que se crea un sentido de perspectiva. **Derecha:** Se le añaden más árboles. Puede ser necesario cortar el cepellón de un árbol para situarlo muy cerca de otro. **Más a la derecha:** Ahora están en su posición definitiva. Todo el grupo ha sido plantado ligeramente descentrado y ordenado de forma que parecen radios que salen del centro como en un abanico. Ahora, los árboles pueden ser plantados en maceta, llenando el recipiente de un substrato compostado. El grupo completamente terminado se muestra en las páginas 112-113.

## GRUPO DE CIPRESES

En contraste con el grupo de zelkovas aquí sólo se han utilizado cinco cipreses. La variedad elegida es *Chamaecyparis andelyensis thyoides*. Estos árboles tienen casi 60 cm de altura y al ser tan erectos, el efecto creado por el grupo de plantación será más majestuoso.

Los árboles elegidos para la plantación deben de tener un sólo tronco. Este árbol tiene un tronco doble, lo que significa que uno de los dos debe ser eliminado. Obviamente el que se elimina es el más delgado y corto.

Colocar el árbol en posición central. Situar un segundo árbol cerca del primero, y estudiar el efecto. Se han reforzado con alambre todas las ramas en dirección hacia el suelo para dar impresión de vejez.

Experimentar con las diversas posiciones de los otros árboles hasta encontrar la mejor disposición posible. Recordar que el árbol principal, o el más alto, debe ir en el centro.

La versión final del proyecto de grupo de cipreses recuerda una pequeña masa de árboles en las orillas de un bosque mucho más grande. La altura de los árboles se resalta gracias a los alambres que inclinan las ramas hacia abajo. Observar que la distancia entre árboles se ha variado, de manera que cualquier apariencia de uniformidad, y por lo tanto de artificiosidad, desaparece.

Cambié mi idea sobre la forma de disponer el grupo de zelkovas: en lugar de colocar los árboles de manera que se dirigieran hacia fuera en forma radial los planté en pequeños grupos. El grupo central consta de cuatro árboles, a la izquierda hay un subgrupo de tres, y los cuatro árboles restantes se han agrupado en pares hacia la derecha. La tierra se ha cubierto de musgo arrancado del suelo, y esto da la impresión de que el grupo existe desde hace años. Pocas personas adivinarían que cuatro horas antes estos árboles estaban en macetas separadas.

113

## Unidad

La unidad en una plantación en grupo es un concepto difícil de expresar, y todavía es más difícil ponerla en práctica. La forma general del grupo tiene que aparecer cónica, dando casi la impresión de un solo árbol. Los árboles individuales deben contemplarse como ramas de este árbol, cada uno debe ser adaptado teniendo en mente la forma general.

Independientemente de su tamaño, un grupo necesita siempre tener unidad, de lo contrario no quedará bien. Un grupo grande puede dividirse en una serie de grupos subsidiarios, pero incluso en este caso la composición del conjunto debe tener un sentido de unidad.

## Diseñar un grupo

Una plantación en grupo o en bosque puede ser extremadamente versátil porque puede expresarse un amplio abanico de impresiones y sentimientos. Con una cuidadosa composición y ordenación de la perspectiva, un grupo puede expresar la impresión de distancia o un sentimiento de gran cercanía.

Ambos tipos de grupo tienen un nombre: "grupo de vista a distancia" y "grupo de vista de cercanía". Todos estos efectos visuales pueden crearse colocando cuidadosamente en la maceta, en posiciones diversas, árboles de diferentes tamaños.

La importancia de la unidad no puede descuidarse: tanto si un grupo está formado por dos como por 21 árboles, tiene que expresar el sentimiento de unidad. Para grupos formados por pocos árboles (por ejemplo 2, 3 o 5) se consigue más fácilmente plantándolos muy juntos. De esta forma un grupo de dos árboles parece un árbol de doble tronco, mientras que un grupo de tres o cinco parecería un árbol triple o de cinco troncos.

La distancia es otro factor muy importante en la composición de grupos. La distancia entre árboles y entre subgrupos de árboles en la misma composición, y el espacio dejado deliberadamente vacío, tienen una función de diseño.

El espacio entre árboles no debe ser nunca uniforme: al variar la distancia entre árboles se crearán diferentes perspectivas e inmediatamente el grupo tendrá un mayor interés.

PLANTAR SOBRE PIZARRA
Los grupos que deben plantarse sobre piedras planas, se plantan primero en semilleros, de manera que las raíces se entremezclan y comparten el suelo. Normalmente, los árboles solamente necesitan seis meses para establecerse, después de los cuales ya pueden arrancarse del semillero y colocarse sobre la pizarra. **Derecha:** Un grupo de arces tridentes jóvenes en un semillero. **Más a la derecha:** Los árboles se han arrancado del semillero y se han colocado sobre un pedazo de pizarra.

Las plantaciones en grupo se hacen frecuentemente sobre piedras planas. (Arriba) Toba erosionada con musgo que crece sobre ella, (Abajo a la derecha) pizarra de Cornualles, (Abajo a la izquierda) pizarra de Gales.

Una vez se ha creado un grupo, necesitará perfeccionarse y que se le preste atención durante años. **Arriba:** Este grupo de píceas Ezo consta de ocho árboles y fue importado del Japón a principios de 1960. Los árboles tienen de 50 a 60 años y el más alto mide casi 85 cm de alto. Estas píceas producen árboles vigorosos, y como muestra esta fotografía, después de una época de crecimiento completa, deben ser aclarados. **Izquierda:** Los árboles del grupo se han podado muy a fondo, y algunas de las ramas se han envuelto con alambre para inclinarlas hacia abajo y que conserven su posición. Además decidí que una maceta sin barnizar oval más grande mejoraba su aspecto general.

Izquierda: Esta plantación en bosque de 11 alerces en una pizarra de Cornualles se realizó hace nueve años. Los árboles tienen de 15 a 20 años. La aplicación de un fertilizante rico en potasio desde el verano hasta el principio del otoño ayuda a que los árboles tengan frutos regularmente. El otro cuidado necesario es regarlos constantemente y abonarlos durante la época de crecimiento, así como pinzar los nuevos brotes. Durante el invierno, los brotes que han crecido demasiado se recortan al primer o segundo nudo de la estación actual de crecimiento. Algunas veces hay que recortarlos mucho. Arriba: Este grupo de cinco alerces se plantó en un gran semillero a principios de este año. El árbol más alto tiene 90 cm y unos 15 años. El grupo está bastante bien establecido, y las raíces serán capaces de retener el suelo, lo que quiere decir que el grupo puede ser plantado sobre una roca o colocado en una maceta de bonsai muy plana. Todos los árboles han dado frutos desde hace cuatro o cinco años.

## INICIAR UN BOSQUE DE ALERCES

**Derecha:** Estos alerces han crecido en campo abierto durante siete u ocho años. Hace tres años, se recortaba a la mitad de su altura de 60 a 90 cm. Dos años más tarde se arrancaron del campo y se plantaron en macetas de 13 y 18 cm de alto. El plantarlos en maceta ayuda a limitar las raíces, lo que quiere decir que están ya a punto para ser utilizados en plantaciones en grupo. Los árboles seleccionados para los grupos deben ser muy rectos, porque de otro modo no se conseguirá el efecto deseado. **Abajo a la izquierda:** Elegir una bandeja adecuada. Aquí he utilizado una de 86 x 28 cm. Situar el árbol principal de manera que esté prácticamente en el centro. Colocar los árboles secundarios alrededor del árbol central. El petirrojo situado en la bandeja da una indicación del tamaño del grupo. **Abajo a la derecha:** Se han añadido dos árboles más a la bandeja y todos están muy juntos.

**Izquierda**: Los árboles pequeños se han plantado en un lado para proporcionar un contraste con los más altos del centro del grupo. **Arriba**: la disposición final utiliza 11 árboles. Durante la época de crecimiento se recortarán y pulirán todas las ramas. Al año siguiente, el grupo puede ser transplantado sobre una pizarra o colocado en una gran maceta de bonsai. En un par de años, resultará una plantación de bosque muy bonita.

**Arriba:** Esto forma parte de un grupo muy grande de olmos chinos que crecen sobre un trozo de roca artificial, hecha de fibra de vidrio. Muchos árboles se han reproducido por acodos aéreos. Observar que se ha creado un sentido de la perspectiva al plantar los árboles más grandes delante, y los más pequeños a un lado y detrás. El grupo es más atractivo en invierno cuando los árboles están desprovistos de hojas. **Derecha:** Este hermoso grupo de carpes de Corea se importó del Japón hace tres años. En el Japón se producen muchos grupos como éstos. Maravillosamente bien compuestos, son un ejemplo de las cualidades estéticas que deben hallarse en un grupo bien diseñado-equilibrio, perspectiva, movimiento, profundidad y vitalidad.

# Grupos y subgrupos

Existen dos formas básicas en la composición de grupos: agrupar todos los árboles en un solo grupo o formar varios subgrupos.

Los subgrupos pueden utilizarse en cualquier plantación en grupos que, tenga cinco o más árboles. Así, un grupo de cinco árboles puede convertirse en dos subgrupos de dos y tres, mientras que un grupo de siete árboles puede componerse de dos grupos de cuatro y tres. A medida que aumenta el número de árboles en el grupo, también aumenta el posible número de los subgrupos. Así

y todo, no conviene exceder de cinco subgrupos, porque el resultado será confuso en lugar de agradable.

Existen también dos manera básicas de ordenar los árboles en un grupo.

Pueden partir de un punto central, de manera que los árboles recuerden a los rayos del sol, o todos los árboles pueden plantarse rectos (ver pág. 111). Ya puede verse que las permutaciones en la plantación en grupo pueden ser muchas, y que las impresiones creadas pueden ser infinitas. Esta es una de las razones por las cuales el diseño de grupos es uno de los retos del bonsai.

## Modelos de plantación en grupos

Cuando se empieza a componer una plantación en grupo o en bosque, puede asustar la idea de escoger una disposición adecuada para el número de árboles disponibles. Estos modelos están pensados para guiar a la realización de grupos que sean estéticamente agradables. Es importante empezar siempre por el árbol principal, que casi siempre es el más grande. Colocar los árboles en secuencia escogiendo el tamaño correcto como se indica. Una vez se dominen estas disposiciones ya se tendrá bastante confianza para crear los propios diseños. Las posibilidades que presentan las plantaciones en grupo son infinitas.

Grupos de cinco árboles

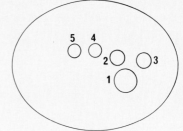

Grupos de dos árboles

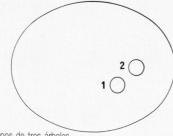

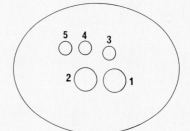

Grupos de tres árboles

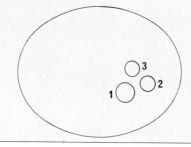

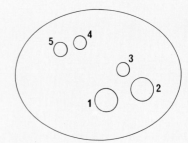

## Variedad de árboles

Tradicionalmente, los grupos se acostumbran a plantar con una sola variedad de árboles. Hay una buena razón hortícola para ello: diferentes especies crecen con tasas distintas y las variedades más vigorosas pronto dominarían el grupo.

Sin embargo, esto no es una dificultad insuperable. Si una variedad crece con demasiada fuerza puede ser sustituída. Mientras tanto, el grupo puede disfrutarse por lo menos un par de años.

Hay una amplia muestra de árboles adecuados para hacer grupos con una sola variedad.

Algunos de los más populares son: arce tridente, arce japonés, haya, carpe, alerce, zelkova, stewartia, junípero de aguja y junípero chino. Sin embargo grupos mixtos que combinan especies como el haya y el arce japonés son cada vez más comunes.

En conclusión, no hay reglas rígidas ni fijas en la plantación en grupo, porque un arte vivo, como el bonsai, evoluciona constantemente. Si se fuera excesivamente rígido, la creatividad se anquilosaría, no avanzarían las técnicas y por consiguiente no habría nuevos conceptos del arte.

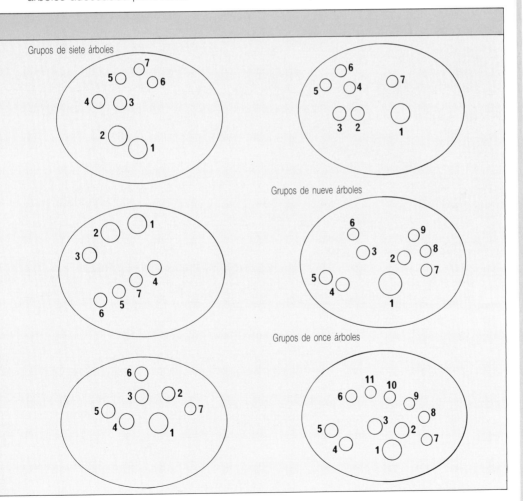

Grupos de siete árboles

Grupos de nueve árboles

Grupos de once árboles

# 10

# Plantaciones sobre rocas

Y a en los inicios de la civilización china se creía que las montañas eran la residencia de los dioses y sabios chinos. No es pues, sorprendente que las montañas se consideraran sagradas y de hecho, han sido veneradas durante muchas generaciones.

Las rocas representan a las montañas y tienen por tanto un inmenso significado simbólico.

Este sentimiento especial hacia las montañas y las rocas ha influido en casi todos los aspectos de la literatura, religión y arte chinos. Sólo con mirar una pintura china se observa que un paisaje no se considera completo si no aparecen montañas de una manera u otra. De hecho, la palabra misma paisaje, en chino es *san-sui* que significa "montaña y agua". Aún en nuestros días, la pintura, el diseño de jardines y el penjing o paisaje en macetas, giran alrededor del uso simbólico de rocas o piedras. Sin ellas, le falta, a una obra de arte, el poder y la grandeza que se asocia con las montañas.

Con el tiempo, como con la mayoría de las artes orientales que se originaron en China, como la pintura, la caligrafía, la cerámica y la jardinería, este amor por las montañas se extendió a través de Corea al Japón, donde se desarrolló por caminos nuevos más imaginativos.

Este llamativo suiseki fue fotografiado en un reciente viaje a China, y nos recuerda un escarpado paisaje de montaña.

## Las rocas y el bonsai

Por consiguiente, el arte de la utilización de piedras en el bonsai debe de situarse en el contexto de su significado histórico religioso. Esencialmente esto significa que la roca simboliza la montaña. El comprender este concepto no sólo nos ofrece una multitud de posibilidades de composición sino que además amplía el campo en la apreciación de la estética de un bonsai.

La inclusión de rocas en una composición de bonsais aumenta la ilusión de una realidad miniaturizada.

Un trozo de roca o una piedra puede utilizarse para dar una idea tanto de una montaña completa o parte de ella: por

ejemplo, un árbol plantado sobre una roca puede sugerirnos la idea de un árbol en lo alto de un acantilado.

No es necesario representar toda la montaña; es suficiente con ver el árbol sobresaliendo en una plataforma rocosa.

Las connotaciones estéticas y simbólicas asociadas con las rocas alcanzan un nivel más profundo cuando la asociación con montañas ya no es necesaria. Las rocas son admiradas por su belleza intrínseca –son una obra de arte en sí mismas. En ciertos aspectos, éste es el principio de la *exposición de piedras,* o *sui-sek* (en China, "agua-piedra"), que se describe con más detalle en otro capítulo (ver pp 138-43).

Sin embargo, por el momento es más útil pensar en las rocas utilizadas en bonsais como representaciones de montañas. Plantando con cierta habilidad árboles en distintos tipos de rocas, se pueden conseguir efectos muy atractivos. De hecho, este tipo de composiciones pueden ser muy sorpendentes.

## JUNÍPEROS SOBRE ROCAS

**Derecha:** Esta llamativa composición de juníperos chinos sobre roca de Westmorland se hizo hace quince años. La idea era crear una cascada de árboles sobre un único trozo de roca, imitando la manera de crecer de los juníperos en la naturaleza. Para realizar este tipo de grupo, primero hay que encontrar un trozo de roca adecuado, preferiblemente con una textura superficial interesante. Idealmente, la roca debería colocarse en posición vertical, mejor que horizontal; una roca vertical tiene mucho más impacto, y dará la impresión de una montaña en miniatura. Es importante resaltar las caracteríscas más interesantes de roca o ésta perderá gran parte de su belleza. En este caso particular, la roca fue cortada para darle una base plana.

Pegar los trozos de alambre de jardinería forrado de plastico verde a la roca con una resina epóxido fuerte. Utilizar alambres de fijación para unir estrechamente las raíces a la superficie de la roca. Cubrir con un substrato arcilloso las rocas para mantener intactos el cepellón y el substrato.

Con los años, las raíces se han anclado a la roca y se han entremezclado. Esta composición suele mostrarse en *sui-ban*, dando la impresión de un precipicio rocoso sobre el mar.

**Izquierda:** Este arce tridente japonés de raíces sobre roca tiene unos 15-20 años. Este tipo de composiciones tardan muchos años en realizarse: pueden pasar de 6-8 años antes de que las raíces comiencen a abrazarse a la piedra. Lógicamente, estos árboles son muy caros. El objetivo es transmitir la impresión de un árbol que crece entre rocas en altas montañas.

**Arriba:** Este gran fragmento de roca de Westmorland no parecería tan impresionante si estuviera horizontal; por tanto se ha fijado verticalmente en un bloque de cemento. La base puede camuflarse con musgo, o enterrarse en una maceta de bonsai.

La roca de toba puede ser una atractiva base para una pequeña composición. Es una roca blanda que puede tallarse bastante fácilmente, con lo cual las pequeñas hendiduras pueden vaciarse, para ser rellenadas con suelo y plantadas. **Izquierda:** Un trozo de roca de toba en el que se han plantado rododendros miniatura y pinos. Este tipo de plantaciones sobre rocas deben mantenerse húmedas durante todo el verano ya que los árboles soportan muy mal la sequía. Colocar en una posición sombreada, y regar como mínimo dos veces al día en los períodos calurosos.

**Más arriba:** Este detalle de toba en la que se ha plantado musgo, tomillo en miniatura, y rododendros, muestra cómo la textura de la superficie realza las plantas. **Arriba:** Estas rocas pueden utilizarse en composiciones de árboles sobre roca. De izquierda a derecha: piedra de Westmorland, toba, piedra de Westmorland y toba. El musgo suaviza el aspecto de la roca dándole un aspecto más natural. En algunas de ellas ya se han colocado alambres de sujeción que servirán para fijar los árboles a las rocas.

**Derecha:** Arce tridente que he estado adaptando sobre roca en los últimos cuatro años. Inicialmente, el árbol tenía sólo 37 mm de diámetro, pero ha aumentado a casi 10 cm. Los primeros tres años los pasó en la tierra siendo posteriormente transplantado a una maceta grande de plástico.

**Derecha:** Se han apartado las raíces finas fibrosas, dejando ver que las raíces principales comienzan a agarrrarse a la roca. Para atar las raíces a la roca se ha utilizado alambre de cobre forrado de plástico. Cada dos años hay que desenterrar el árbol para examinarlo y refinarlo. Dentro de unos dos años, la parte superior del árbol, que ahora mide 2,4 m, se aserrará para diseñar el aspecto final del bonsai.

BONSAI CON LAS RAÍCES SOBRE ROCA
Para crear un bonsai de este tipo se necesitan muchos años. Por esta razón, las variedades de árbol que se suelen escoger suelen ser de crecimiento rápido. Los árboles favoritos son el arce tridente y el arce de montaña.

**Más arriba:** Arce tridente de tres años plantado a partir de un esqueje. Nótense las largas raíces fibrosas. **Arriba:** Aunque las raíces gruesas pueden parecer feas, pueden convertirse en un rasgo distintivo.

**Más a la izquierda:** Mirar el árbol desde distintos puntos de vista para decidir cuál es el perfil más atractivo. **Izquierda:** Éste es posiblemente el aspecto más interesante del arce. Si se planta sobre la roca en esta posición, se favorece la visión de su gruesa base.

**Arriba:** Hay que encontrar un fragmento de roca adecuado –que se adapte a la forma de la base del árbol.

**Arriba:** Colocar el árbol sobre la roca de manera que se ciña a la superficie rocosa. Sujetarlo en esta posición con cinta de plástico. No hay que cortar ninguna de las raíces finas ya que el árbol las necesita para sobrevivir. **Izquierda:** Una vez el árbol está sujetado a la roca, puede plantarse en un semillero grande donde puede crecer durante los próximos años. Alternativamente, puede plantarse directamente en la tierra.

# 11

# Bonsai al estilo chino

**P**ara el especialista, el bonsai tiene un estilo propio. De hecho, es totalmente distinto del bonsai que generalmente podemos ver en Occidente. Principalmente, esto es debido a que en China, el arte del bonsai apenas ha evolucionado durante los últimos setenta a ochenta años.

A principios de siglo los bonsais chinos y japoneses eran muy parecidos, pero mientras que el bonsai japonés ha evolucionado considerablemente, el chino ha permanecido virtualmente igual.

Las fotografías de bonsais japoneses tomadas en Londres en 1902, en la primera exposición de árboles enanos realizada en Occidente, muestran estilos casi indistinguibles de los bonsais chinos actuales. Por tanto, se puede decir que el arte del bonsai chino no ha recibido influencias de los desarrollos habidos en cualquier parte del mundo, especialmente de Japón.

El principal factor responsable de este aislamiento del exterior fue la Revolución Cultural. China estuvo completamente cerrada a Occidente entre 1949 y finales de los setenta.

Además, el bonsai era considerado un pasatiempo burgués y revisionista, por lo que no era del agrado de las autoridades.

El resultado fue que el arte del bonsai estuvo a punto de desaparacer. Afortunadamente, el pueblo chino fue lo bastante inteligente como para no tirar el bonsai por la borda sólo porque los políticos lo mandaran.

Irónicamente, fueron los trabajadores y los campesinos los que continuaron practicando el bonsai, a escondidas de la autoridad. En este aspecto, el bonsai fue un arte verdaderamente proletario.

Felizmente para el resto del mundo, el bonsai chino sobrevivió a este difícil período, y vuelve a florecer otra vez. Actualmente está comenzando el intercambio de bonsais entre China y los países occidentales, lo que estimulará el interés en Occidente por el estilo chino. En verdad, Occidente puede beneficiarse mucho con la antigua y distinguida tradición del bonsai chino.

Grabado en madera original atribuido a Hiroshige, titulado "vista de Hara desde el Camino de Tokaido". No se sabe por qué el artista pintó este paisaje en una maceta de cerámica, pero a mí me gusta creer que es un "paisaje en maceta" dentro de la tradición del *pen-jing chino*. Ciertamente, esta bella y proporcionada pintura es de gran inspiración para cualquier artista del bonsai.

Los bonsais de estilo chino no se habían visto apenas fuera de China hasta hace pocos años. A este *Vítex chinensis* se le atribuyen más de cien años y mide 60 cm de alto. El tronco deformado y las ramas retorcidas son típicamente chinos, dando al árbol un aspecto casi abstracto. Florece al final del verano, produciendo unas pequeñas flores de color malva. Este árbol fue expuesto en el Chelsea Flower Show de Londres (Exposición de flores de Chelsea, en Londres) en 1980 y lo añadí a mi colección después de ser atraído por sus cualidades únicas.

## Escuelas chinas

Aunque en conjunto los bonsais chinos tienen cacterísticas que los distinguen, se reconocen diversos estilos o escuelas dentro del país. Cada escuela tiene su propio estilo: los bonsais del Norte son muy distintos del los del Sur; y los cultivados en el Oeste tienen un enfoque completamente diferente de los del Este.

Las diferencias regionales también incluyen las macetas, las cuales varían en estilo, color y forma; y las variedades de árboles utilizadas. Los cultivadores del Sur, por ejemplo, usan mucho el té de Fukien, especies de Carmona, el olmo chino *(Ulmus parviflora)* y el *Sageretia* mientras que en el Norte se centran en *Podocarpus* y pinos. Los viajeros que vayan a la China deberían tener en cuenta recordar estas diferencias.

Los paisajes, como este de montaña realizado con roca de toba, son típicamente chinos. Aunque se producen en serie, cada composición es muy realista. El recipiente está fabricado especialmente para la misma. Se pueden plantar pequeñas plantas y arbolitos en las hendiduras rocosas. Algunas personas utilizan estos paisajes como humidificadores: se llena el recipiente de agua, que es absorbida entonces por la roca porosa, liberándose a la atmósfera.

## Comparación de los estilos chino y japonés

En líneas generales, en comparación con el bonsai japonés contemporáneo, el bonsai chino es menos refinado. Hay más informalidad y se presta menos atención al detalle, particularmente en los árboles; se utiliza frecuentemente la exposición de raíces, y las formas retorcidas de troncos y ramas. La afición a las rocas hermosas, maravillosas, de tanta tradición en China, se refleja en todos sus bonsais, así como en los *pen-jing*.

Uno de los aspectos más agradables de los bonsais chinos, no obstante, es su aspecto impresionista. El *pen-jing*, o el paisaje de bonsai, en concreto, tiene un fuerte parecido con las pinturas a pinceladas de las escuelas zen y literarias. La libertad e informalidad de estas composiciones tienen una frescura que probablemente es única en el arte del bonsai. La influencia de la pintura china se ve quizá más claramente en los árboles de los estilos en cascada y literario que tienen una apariencia de lo más inusual y refrescante; los perfilados ángulos del tronco, y las majestuosas curvas de las ramas, recuerdan las pinceladas características de las pintura china.

## Las rocas en el bonsai chino

La habilidosa utilización de rocas por los artistas chinos del bonsai fue copiada sin reparos por los japoneses. De hecho, la fascinación de los japoneses por el *suiseki* o "exhibición de piedras" es de origen chino.

Las plantaciones chinas sobre piedra o trozos de roca son de diversas formas y medidas, oscilando entre unos pocos centímetros a uno, o incluso dos metros de altura. En estas exquisitas creaciones tan realistas, pueden plantarse pequeños árboles u otras plantas de acento. En ellas, se intenta dar la impresión de un paisaje natural más que realzar determinados árboles bonitos.

Cuando se combinan rocas con árboles bonsai, la impresión que da esta composición es completamente distinta. Es aquí donde el bonsai chino se diferencia claramente del japonés. En las composiciones chinas, los árboles no son necesariamente ejemplares soberbios, ya que es el efecto general lo que se busca. A veces, tanto los árboles como las rocas son igualmente bellos, pero ninguno de los dos componentes domina o ensombrece a otro; existe una unidad que sólo se consigue mediante un hábil tratamiento del material. Muchos de los paisajes rocosos chinos están formados de piezas compuestas que se pegan o se unen con cemento. Esta técnica produce resultados muy agradables, especialmente si se combina con la tradición china de exponer paisajes rocosos sobre bellas bandejas de mármol llenas de agua.

## Troncos y raíces

Los artistas chinos tienen una predilección especial por los árboles de troncos rugosos o de configuraciones extrañas. De hecho, algunos artistas se esfuerzan muchísimo para conseguir formas que en Occidente se considerarían antinaturales. Las raíces expuestas al aire y los troncos nudosos y huecos, son una manera popular de acentuar la sensación de vejez. Las ramas secas también se utilizan, aunque no siempre (jinned), como en Japón.

## Variedades de árboles utilizadas

Los chinos utilizan casi 200 variedades distintas de árboles para los bonsais, la mayoría de las cuales también son utilizadas por los japoneses. De todas maneras, las más populares son las variedades de hojas muy pequeñas.

La costumbre de crear bonsais a partir de árboles silvestres recolectados, no es extraña a los chinos, que la han estado practicando durante siglos, pero estos árboles no son tan apreciados como en Japón. La mayoría de los árboles silvestres recolectados en China son pies de árboles viejos que han sido podados y cortados durante años por la gente para obtener leña para el fuego.

El acodado aéreo, que se originó en China, se continúa practicando y todavía es un método importante para propagar árboles. Las claras diferencias que existen entre los bonsais chinos y japoneses no deben ser consideradas crítica o negativamente. Por el contrario, estas diferencias, que aumentan el espectro de estilos y técnicas, contribuyen a enriquecer más el arte del bonsai.

No todos los paisajes rocosos son originarios de China: estos dos trozos de caliza del carbonífero fueron recogidos en la costa de Gales. La más alta mide 40 cm de alto; ambas han sido colocadas verticalmente y fijadas con cemento. Las ásperas líneas de las rocas se han suavizado al plantar helechos y pequeñas plantas alpinas.

Este olmo era un chupón de un seto en un barrio periférico; toda la copa se ha desarrollado en los últimos cinco años. A medida que el tronco se engrosaba, y las ramas se iban refinando, el árbol ha adquirido un carácter propio. Plantado al estilo chino, da la impresión de un árbol en una ladera rocosa.

Grabado en madera original de Hiroshige titulado "Vista de Kawasaki desde el camino de Tokaido". Representa la actividad en un pintoresco pequeño pueblo al lado del río; y sin embargo, el porqué el artista lo ha hecho dentro de una maceta, sigue siendo un misterio para mí. Quizá refleja la pasión de los chinos por los paisajes en miniatura, que evolucionaron al "Saikei" o paisajes en bandejas.

El foco principal de este grabado en madera de Hiroshige, titulado "vista de Kanaya desde el camino de Tokaido", es un espléndido árbol. Son este tipo de árboles los que inspiran modelos para el bonsai, mientras que las rocas se parecen a las de Ibigawa, utilizadas en los "árboles con raíces sobre roca" (root-over-rock trees).

137

# 12

# Suiseki

P ara los no iniciados, el ver un trozo de roca colocado en recipiente de bonsais de poca profundidad y lleno de arena o agua, suele ser motivo de risa. En algunas exposiciones donde se exhibían unos Suiseki muy bellos, he oído a menudo comentarios despectivos o cínicos, realizados por ignoracia del observador, bien porque su sentido de la estética no había sido educado para apreciar su belleza. Esta actitud no es muy afortunada ya que se puede disfrutar mucho mirando un Suiseki. Las rocas hermosas son como las esculturas; la única diferencia es que las primeras fueron creadas por la naturaleza durante millones de años, mientras que las segundas lo fueron por el hombre.

El valorar un Suiseki es como valorar la música clásica. Igual que una sinfonía de Beethoven no gusta a todo el mundo, el Suiseki suele ser apreciado por una audiencia limitada. Para apreciar un Suiseki hay que irse acostumbrando. ¿Qué es pues, un Suiseki, y por qué provoca emociones tan profundas en tanta gente?

## Orígenes del Suiseki

Los chinos han admirado las rocas hermosas desde la Antigüedad. Las rocas simbolizaban las montañas, y para el pueblo chino, las montañas eran la representación material de prácticamente todas las experiencias místicas y estéticas imaginables.

Los chinos utilizaban frecuentemente, las rocas en sus jardines de paisaje para representar las montañas, de la misma manera que los pintores empleaban los paisajes montañosos para evocar una sensación majestuosa en sus cuadros. La palabra china para denominar paisaje, tanto en pintura como en jardinería, es *San Sui*, que significa "montañas y agua". Las rocas o piedras utilizadas en sus composiciones se denominaban *San Sui Sek*, o "piedras utilizadas para paisajes". Con el tiempo la expresión se abrevió a *Sui-Sek* o "agua-piedra". Aunque los chinos siempre han apreciado las rocas,

Este Suiseki recuerda al observador un monte escarpado, ilustrando la reverencia de los chinos por las rocas hermosas.

Este paisaje rocoso en miniatura, típicamente chino, esta hecho de piedra de "Wu Cai Fu Pi". El conjunto mide 20 cm de alto y 34 cm de ancho. Los fragmentos de roca han sido cuidadosamente seleccionados para conseguir la armonía y el equilibrio. Luego se han cortado y moldeado con cinceles, se han unido con un cemento que combine bien con el color de la roca, y se han colocado en una bandeja de mármol. Si se desea, pueden plantarse hierbas pequeñas u otras plantas de pequeño tamaño.

hubo una época, alrededor de la dinastía Tang, en que casi toda la nación se obsesionó por coleccionar rocas interesantes y de formas bellas y atractivas. Se coleccionaban fragmentos de rocas de cualquier medida y forma, tanto grandes como pequeñas, bien por su belleza intrínseca, o simplemente porque era la moda. Fue a partir de esta obsesión cuando se formó la verdadera tradición del Suiseki.

El apreciar las rocas por su belleza intrínseca, llegó al Japón hace sólo quinientos o seiscientos años, pero no obstante, como con la mayoria de las artes orientales copiadas a los chinos, los japoneses destacaron muy pronto. Mientras que los chinos usan principalmente las rocas para simbolizar montañas, los japoneses han abordado una vía más imaginativa. A través de los años, han aprendido a interpretar las rocas bellas de diversas maneras, como islas, tortugas, cascadas y puentes.

Recientemente, los japoneses han introducido otro tipo de piedra de exhibición, llamado "piedra de crisantemo" o *Kikka-seki*. Son rocas grandes, muy lisas, en las que se han grabado crisantemos. Este tipo de piedras son muy admiradas, y altamente valoradas.

## Escogiendo las piedras

La verdadera exhibición de piedras o rocas tiene cualidades casi abstractas; el observador tiene que utilizar su imaginación para interpretar y absorber su significado completo. Los chinos, por otra parte, son menos sutiles: sus rocas se parecen exactamente a las formas y texturas de las montañas que se ven en la naturaleza.

En China se utilizan mucho las pizarras, que representan las montañas del centro y Oeste del país. Estas montañas de piedra pueden medir desde unos pocos centímetros a uno o dos metros de altura y pueden ser de diversos colores —rosa, gris o blanco—.

En Occidente, pocas veces se han utilizado las piedras con este objetivo; se han usado muy poco las piedras autóctonas con el único propósito de su exhibición.

Estos dos trozos de mineral de hierro los encontré al borde de una carretera en Hampshire, Inglaterra. Estaban a punto de ser aplastados por una máquina apisonadora cuando las vi. Recogí algunos trozos, pero sólo estos dos sirvieron para esta composición en concreto, que sugiere un cañón profundo. Musgos y líquenes crecen bien sobre esta roca pero hay que vigilar que no oscurezcan la agradable textura de la superficie.

Esta roca proviene de la isla de Barra, en la costa de Escocia. Es un bello ejemplar, de color azul-gris y un poco malva, y ha sido esculpida durante muchos años por las olas. Aunque ahora está lejos del mar, aún sugiere la sensación de un acantilado rocoso azotado por las olas.

Este bello Suiseki es una miniatura perfecta de una montaña rocosa. Se ha cortado la base para que quede plana, y se exhibe sobre un sorporte de madera diseñado especialmente.

Y es una pena, porque hay gran cantidad de rocas en todo el mundo que serían excelentes piedras de exhibición. En casi todos los países, es posible encontrar rocas que fácilmente podrían rivalizar con la belleza de los Suiseki chinos y japoneses. Los ejemplos ilustrados en las fotografías con material autóctono recogido en Gran Bretaña no son excepcionales, aunque espero que le animarán a interesarse más por este aspecto del bonsai.

Para poder sacar el máximo provecho del material local para Suiseki, se deben escoger rocas que se parezcan lo más posible a las usadas por los chinos y los japoneses. En la mayoría de los libros sobre Bonsai, se pueden encontrar fotografías de estas piedras.

Muchas rocas son tremendamente atractivas para ser expuestas y utilizadas, pero son rechazadas por ser demasiado voluminosas o demasiado inestables para la exhibición. Existen dos maneras de superar estos inconvenientes. La primera es fijar la roca en la posición deseada con cemento o pegamento sintético. La resina epóxido o la pasta de relleno de la pancha de coche (es un tipo de resina de fibra de vidrio) son excelentes, así como el cemento rápido. Alternativamente, las piezas grandes pueden fijarse sobre una base de cemento y luego colocarse en una maceta de bonsai.

Si este segundo método no le atrae, se puede intentar crear una base plana con una piedra de afilar o con una sierra de disco. La pizarra y la arenisca pueden cortarse bastante fácilmente con la sierra, pero para rocas más duras como el mármol o el granito, puede que precise herramientas de corte de diamante.

## Exposición de los Suiseki

Los Suiseki se admiran y se exhiben como obras de arte de pleno derecho. Consecuentemente, siempre se exponen aislados.

Hay dos métodos de exhibición: en recipientes de bonsai de poca profundidad llenos de arena, grava o incluso agua; o en un soporte, que ha sido especialmente recortado para que se ajuste a la forma de la piedra.

**Arriba:** Esta piedra en forma de "choza" es en realidad un fósil, hallado en Shopshire, Inglaterra. Los fósiles son ideas para los Suiseki ya que suelen tener formas y texturas interesantes. He intentado combinar los fósiles con alguno de mis árboles más viejos, pero aún no he conseguido una composición satisfactoria en la que el fósil y el árbol aparezcan como una unidad. En la mayoría de los casos, uno de los dos se convierte en el foco de atención, disminuyendo la belleza intrínseca del otro.

**Izquierda:** El mineral de hierro tiene una textura especialmente agradable, que se potencia al máximo al montarlo verticalmente.

Al igual que en el bonsai, hay que establecer cuál es el mejor ángulo de visión de cada roca, de manera que se muestren el máximo de posibilidades.

La manera más sencilla de exponer la piedras de exhibición es colocarlas en una bandeja de bonsai poco profunda llena de arena o grava. Si se encuentra una bandeja sin agujero de drenaje (llamada *sui-pan* o "agua-palangana"), puede llenarse de agua. Si al aficionado se le da bien el grabado en madera o conoce a alguien que lo puede hacer puede plantearse el hacer soportes individuales que realzan la roca añadiéndole elegancia.

Aunque las piedras de exhibición grandes se aprecian mejor por sí solas, un Suiseki puede complementar un bonsai de gran tamaño de la misma manera que se utlilizan algunas plantas de acento para contrastar con los árboles.

# 13 | *Exhibiendo bonsais*

A medida que uno se interesa más en el bonsai, y que la colección de árboles aumenta, nace el deseo de exhibirlos. Se puede obtener un placer y una satisfacción inmensas al exponer los propios árboles. No sólo permite compartir la obra de arte que uno ha creado con una audiencia mayor, sino que además, el saber que nuestra obra está siendo admirada por otros es muy placentero.

Existen muchas oportunidades para exhibir los bonsais. Lo más sencillo es que uno mismo organice una pequeña exposición aprovechando las diversas facilidades locales, como la iglesia o el centro cultural del barrio. Los clubes de bonsai suelen organizar también exposiciones locales para posibilitar a sus miembros la exhibición de sus mejores ejemplares. Además, los clubes pueden participar en exposiciones de horticultura, o en exposiciones nacionales de bonsai.

En la mayoría de países, hay innumerables exhibiciones florales, tanto en las grandes ciudades como en las provincias. Suelen celebrarse en verano en los países templados y en invierno en los trópicos. Normalmente, se favorece la participación de clubes, viveros, y participantes independientes debido al interés del público por el bonsai. Esto es cierto tanto para las exposiciones de aficionados como las de especialistas.

Existen dos maneras de exhibir bonsais: como árboles bonsai individuales que forman parte de una exposición exclusiva para bonsais o como una exhibición integrada de bonsais dentro de una exhibición general de jardinería. La primera es muy popular en el Japón mientras que la segunda es más usual, en Occidente. Esta diferencia es importante, pues la presentación de la muestra dependerá en gran parte del tipo de exposición de que se trate.

Los bonsais constituyen una parte integral de este bello jardín. Casi cada árbol es un ejemplar de bonsai y están colocados en banquetas de roble de un metro de alto.

## Exposiciones de bonsais

Cuando la exposición consiste exclusivamente en bonsais, las cualidades individuales de cada árbol son de gran importancia.

Esto es debido en parte a que cada árbol será seleccionado puramente por sus méritos individuales, y en parte porque los entusiastas del bonsai, mirarán cada árbol con ojo crítico, valorando sus cualidades especiales. Por tanto, aunque la presentación general es importante, la calidad individual de cada árbol, es básica.

## Exposiciones generales

Si el árbol se exhibe formando parte de una sección de bonsais en una exposición floral, como la Chelsea Flower Show (exposicion de flores de Chelsea) de Londres, los árboles que forman parte de la exposición deberían considerarse como una sola entidad.

Esto significa que hay que seleccionar árboles de distintos tamaños, formas, colores y texturas, de manera que la combinación de éstos consiga crear un efecto global agradable y atractivo.

En los últimos años, un número creciente de exposiciones de bonsais realizadas en los países occidentales se celebran en prestigiosas galerías de arte o en lugares similares.

Ésta es una tendencia muy positiva, ya que refleja el reconocimiento creciente del bonsai como verdadera forma de arte.

## Preparando la exposición

Los árboles para exhibir tienen que estar en perfectas condiciones; no hay nada peor que un bello árbol en malas condiciones.

Es vital que los árboles estén sanos: el follaje debe ser fresco, verde y vigoroso; si están florecidos, las flores deben estar a punto de abrirse; la coloración otoñal debe ser perfecta.

Preparar un árbol para un exposición puede exigir mucho tiempo; se pueden tardar hasta 12 horas en preparar un árbol grande.

## Follaje

Cuando se prepara un pino, hay que retirar todas las agujas que se dirigen hacia abajo al igual que todas las que sean superfluas en cualquier rama.

En el pino negro japonés hay que retirar todas las agujas sobrantes para dar al árbol un aspecto fresco y ventilado. Los juníperos chinos necesitan un pinzado muy intenso; se eliminan todos los brotes groseros, así como los tallos que crecen fuera de los grupos de follaje. En los árboles de hoja caduca, hay que eliminar todas las hojas muertas, quemadas o arrugadas.

## Las ramas

El cuidado de los detalles no debe limitarse al estado y color de las hojas; la estructura y refinamiento de las ramas es también importante. Cualquier rama o ramita que esté en una posición incorrecta debe ser eliminada o redirigida con alambre, de manera que no estropee el conjunto. La forma del árbol, ya sea cónica o redonda debe ser pulida meticulosamente hasta que se vea perfectamente limpia y ordenada.

## El tronco

Si el tronco no se limpia regularmente, tiende a cubrirse de algas; un tronco mal cuidado puede llegar a cubrirse por completo de musgo.

Es bueno limpiar el tronco y las ramas regularmente, utilizando un cepillo duro, como el de dientes, y un detergente suave o simplemente agua sola. Si se limpian árboles de corteza rugosa, como los pinos, hay que tener cuidado de no lesionarla.

Los juníperos chinos tienen una corteza suave y rojiza muy hermosa, y es particularmente atractiva cuando se ha limpiado adecuadamente.

Algunos expositores japoneses realzan el color de la corteza del junípero con betún de zapatos marrón. Aunque, en mi opinión, esto no es necesario.

## Ramas secas

Los árboles que tienen gran cantidad de rama seca, deben ser tratados regularmente con cal azufrada o sulfurada

Fotografía de mi viejo junípero de aguja (ver. pág. anterior) antes de prepararlo. Este tipo de juníperos es de crecimiento prolífico y requiere un pinzado constante de los nuevos brotes. Algunas personas los dejan crecer sin interferencias durante cierto tiempo para que adquieran vigor. Otros los mantienen constantemente pinzados y cuidados. Ambos sistemas son buenos siempre que el árbol esté bien regado y abonado. El refinamiento es en última instancia una cuestión de estética.

preferiblemente unos dos meses antes de la exposición. El efecto de blanqueado que produce, es más bonito cuando ha pasado algún tiempo.

Algunas personas recomiendan mezclar un poco de tinta de la India en la cal sulfurada para suavizar un poco la blancura.

## Musgo

El musgo que crece naturalmente en la maceta es mucho más efectivo que el musgo fresco desenterrado y colocado sobre la superficie de la tierra.

Se puede facilitar su crecimiento esparciendo musgo pulverizado sobre la superficie y regando constantemente. Existen múltiples variedades, pero el fino musgo esmeralda es el mejor.

Cuando la capa de musgo es ya demasiado gruesa, hay que arrancarla y volver a plantar el musgo de nuevo.

La forma y tamaño de la maceta pueden alterar espectacularmente el aspecto general de un bonsai. La maceta es como el marco de un cuadro; la estética de un árbol hermoso puede arruinarse en una maceta poco apropiada. Durante los últimos diez años, este pino negro de Japón estuvo plantado en una honda maceta cuadrada. Luego decidí que quedaría mejor en una maceta rectangular tradicional. Aquí se está instalando en una maceta realizada especialmente por Gordon Duffet.

Los árboles deben de ser cuidados y pulidos de vez en cuando. Los pinos, en particular, necesitan una limpieza meticulosa. En general hay que eliminar todas las agujas que se dirigen hacia abajo. **Arriba a la izquierda**: Rama sin limpiar. **Arriba a la derecha**: Se han eliminado todas las agujas que se dirigían hacia abajo. **Derecha**: Cada una de las agujas tiene que ser arrancada cuidadosamente. En un pino de gran tamaño esto puede requerir mucho tiempo pero el resultado es espectacular.

Al crear un bonsai, una de las finalidades es dar la ilusión de un verdadero árbol pero en miniatura. **Derecha:** Este macizo junípero chino se cree que tiene mucho más de 100 años. Tiene extensas zonas de madera muerta, especialmente cerca de la base, lo que indica que quedan muy pocas raíces superficiales. **Arriba:** Después de decidir que el aspecto del árbol mejoraría añadiéndole algunas raíces, hallé una pieza de junípero muerto, que combina bien con el tronco ya existente y da la apariencia de una auténtica raíz.

## Rocas y plantas de acento

La belleza de un árbol puede realzarse notablemente con pequeñas rocas especialmente si el árbol tiene pequeños defectos en la base del tronco, o si las raíces no son excesivamente atractivas. Por ejemplo, puede esconderse o incluso camuflarse una raíz fea colocando un trozo de roca interesante en la posición adecuada.

Las plantas acento como el tomillo, el junco, o los lirios enanos, tienen una función similar. Pueden plantarse también en recipientes pequeños y planos de bonsais y utilizarse como complementos de árboles grandes.

## Cálculo del tiempo

Es importante calcular el tiempo de preparación para que los árboles alcancen su condición óptima al iniciarse la exposición. Hay varias maneras de controlar el aspecto de los árboles.

Si se trata de arces que deben mostrar sus hermosas hojas de primavera hay que ayudarles a echar la hoja mediante condiciones controladas en un invernadero. Esto también impedirá que se estropee el follaje por el viento o la helada. Por otro lado, si lo que se desea es su hermoso color otoñal hay que ayudarles durante el verano con un fertilizante y luego exponerles a las heladas de otoño para que cambien de color. Una coloración verde brillante puede conseguirse aplicando la cantidad adecuada de un fertilizante rico en nitrógeno entre cuatro y seis semanas antes de ser exhibidos.

No conviene una excesiva exposición al sol para árboles perennifolios ya que causaría un ligero amarilleamiento del follaje,

Visión de una rama de uno de mis ejemplares de arce tridente en la que se muestra la fina ramificación de las ramitas se que han ido desarrollando a lo largo de los años. Esto se ha conseguido pinzando y podando continuamente las ramas. Los árboles de hoja caduca, como el arce tridente y el olmo japonés de corteza gris se exponen tradicionalmente en invierno, cuando carecen de follaje. Sólo entonces puede apreciarse por completo su intrincada estructura ramificada.

Se puede aumentar el grosor del tronco de un bonsai de varias maneras. **Derecha:** Hendir cuidadosamente la corteza con una navaja. **Abajo a la izquierda:** Alternativamente, golpear de vez en cuando la corteza con un martillo sin punta. **Abajo a la derecha:** Las incisiones de la corteza de este pino silvestre le han permitido ensanchar su tronco.

**Derecha:** Las técnicas de acodado aéreo basadas en el anillado de la corteza y aplicación de torniquetes tienen el efecto de que el tronco se ensanche y tome más empuje. También pueden utilizarse para que los troncos cojan más fuerza en la base del árbol. Con el tiempo se formarán raíces allí donde se ha limitado el flujo de savia. Esta técnica se utiliza a menudo para crear un nuevo grupo de raíces y eliminar, así, las viejas.

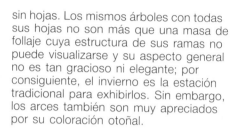

sin hojas. Los mismos árboles con todas sus hojas no son más que una masa de follaje cuya estructura de sus ramas no puede visualizarse y su aspecto general no es tan gracioso ni elegante; por consiguiente, el invierno es la estación tradicional para exhibirlos. Sin embargo, los arces también son muy apreciados por su coloración otoñal.

## Soportes para exhibición y macetas

La manera tradicional de exhibir los bonsais es en soportes especiales. Si se consultan antiguos manuscritos y pinturas chinas y japonesas, los bonsais siempre se exhiben de esta forma. Incluso actualmente, en las exposiciones importantes de Japón y China, todos los árboles independientemente de su tamaño, se exponen completos sobre soportes de madera vieja tallada.

Los antiguos soportes de madera chinos y japoneses son ideales para mejorar la exhibición de bonsais. Sin embargo, deben ser sencillos y de diseño discreto para que la atención no se aparte de la belleza de los propios árboles. También pueden resultar soportes muy efectivos, planchas (o tablas) de madera cortadas de grandes troncos de árboles. De forma alternativa, pueden también utilizarse simples cajas de madera pintadas de colores neutros o cubiertas con fieltro o arpillera.

Al exponer los árboles hay que vigilar que ninguna maceta esté rota o agrietada, lo cual es un detalle que a menudo se descuida. Hay que asegurarse de que los árboles estén en perfectas condiciones, desde la calidad del follaje hasta el color del musgo. Si se realiza el esfuerzo de exponer los árboles merece la pena hacerlo de la mejor manera posible. No hay que contentarse con quedar segundo si se puede quedar el primero. Al fin y al cabo, tanto el público como los jueces se merecen lo mejor. Los jueces, en particular, buscarán los defectos, por lo tanto cualquier cosa que se haga para minizarlos resultará en nuestro favor.

mientras que si se colocan en una posición algo sombreada se realzará su coloración verde.

Muchos árboles de hoja caduca se exhiben mejor durante el invierno o la estación de reposo, cuando no tienen follaje. Sólo entonces aparece el hermoso diseño de sus ramas en todo su esplendor. Particularmente, los arces de montaña, los arces tridente y los olmos de corteza gris son mucho más elegantes

Evidentemente es importante el transporte y manejo cuidadoso del árbol. Si se estropea una rama de un árbol de exposición se destruyen años de trabajo y se necesitará mucho tiempo para remediarlo.

## La altura más adecuada
## para contemplarlos

La mayoría de los bonsais que se exhiben se contemplan mejor a nivel de la cintura o de los ojos, por ello, la altura óptima de las mesas de exposición oscila entre 76 y 90 cm. La variación en la altura de los árboles puede completarse situándolos sobre sorportes de madera o plintos, situadas sobre las mesas.

## Asegurar sus árboles

Si se exponen los árboles en lugares públicos es siempre conveniente asegurarlos contra robo, daños o actos de vandalismo. Mucha gente instala también sistemas de alarma en sus jardines. Es conveniente tener siempre fotografías de los árboles, puesto que ello ayudará a reconocerlos. Si un árbol ha sido robado se debe notificar inmediatamente a la policía, a los distribuidores de bonsais y a los clubes.

Sin embargo, no hay que preocuparse en exceso por el peligro de robo. En general, el público es honesto y la existencia de medidas de seguridad razonables reducirán considerablemente la posibilidad de robo.

REFINANDO UN BONSAI
**Derecha:** Este espino blanco lo cuidó una cultivadora de bonsais ciega. Ella le dio forma y desarrolló el árbol mediante el tacto durante 25 años. Al haberlo hecho crecer en una pequeña maceta cuadrada de bonsai, las raíces no tenían sitio para extenderse y tomaron un aspecto retorcido muy atractivo. **Más a la derecha:** Me enviaron el árbol para mejorarlo. Mi primera sugerencia fue pasarlo a una maceta oval mucho más amplia, que estuviera más proporcionada con el tamaño del árbol. El simple cambio de maceta fue suficiente para transformar el aspecto del árbol.

**Derecha:** A continuación, eliminé las ramas que se entrecruzaban y una de las ramas gemelas del extremo de la copa. Ahora las ramas están organizadas en una disposición más lógica que antes. En los años venideros se procurará que la ramificación de las ramas se desarrolle en los huecos planos de follaje que se han creado. **Más a la derecha:** Cambiar el ángulo de visión del árbol puede darle una apariencia más natural, mientras que la adición de un fragmento de roca ayuda a equilibrar la estructura de las raíces. Estas fotografías muestran el efecto transformador que un mínimo retoque de las ramas o un cambio de maceta pueden tener en el aspecto de un árbol.

# 14 Panorama internacional

No hace falta decir que las mejores exposiciones de bonsais se realizan en Japón. La época de las exposiciones se abre a mediados de noviembre con la Exposición de Bonsai de la Dieta Nacional. Tiene lugar en la Sala Conmemorativa de Kensei cercana al edificio del Parlamento o Dieta Tokio, y es visitada por la mayor parte de las personalidades políticas de Japón.

La exposición que sigue en importancia es la nipona de Taikan Bonsai (o Gran exposición de Bonsai), que en general tiene lugar durante la última semana de noviembre y la primera de diciembre. Tiene fama de ser la más grande y más completa exposición de bonsais de Japón. En ella se exhiben unos 450 árboles así como también Suiseki.

Durante la tercera semana de enero tiene lugar la exposición de Bonsai japonés de Sakufu que se exhibe en los famosos almacenes Daimaru de Tokio. La exposición es para los artistas profesionales de bonsais japoneses y ya es tradición; se trata de la principal oportunidad para presentar sus obras mas recientes. Una vez los árboles han sido expuestos en este lugar, pueden llegar a ser famosos y su valor aumenta considerablemente.

Durante la segunda semana de febrero tiene lugar en el Museo Metropolitano de Arte de Tokio la exposición de bonsais de Kokofu. Esta exposición es parecida a las anteriores, tiene lugar desde 1934, y es a la vez la exposición de bonsais más numerosa y la más prestigiosa. Se muestran aproximadamente de 200 a 300 árboles. Las condiciones para formar parte de esta exposición son muy exigentes y normalmente la mitad de los árboles inscritos no llega a obtener el visto bueno para su exposición. Los entusiastas del bonsai consideran que el conseguir exhibir su obra en esta exposición es como la culminación de las ambiciones de toda una vida. También, como siempre, el valor de un árbol aumenta extraordinariamente una vez seleccionado.

Desde la última semana de abril hasta la primera semana de mayo tiene lugar la Exposición Internacional de Bonsai y

Este arce rojo Deshojo fue cultivado según el estilo de tronco doble y tiene 84 cm de altura. Generalmente los árboles con tronco doble se plantarán de manera que puedan contemplarse bien ambos troncos. Sin embargo, el colocar el tronco más pequeño un poco retirado, detrás del tronco grande, permite una perspectiva mejor de la composición.

Suiseki, en Senri, Osaka, en el famoso parque que conmemora la Expo 70. Está organizada por la Asociación nipona de bonsais y subvencionada por los Ministerios de Cultura y de Asuntos Exteriores. En esta exposición se incluyen fotografías de árboles de todo el mundo.

Durante el verano, en la segunda semana de agosto, tiene lugar una exposición especial de 100 a 500 Suiseki, en los almacenes Mitsukoshi de Tokio.

Las exposiciones japonesas de bonsais son tan populares que es inevitable la formación de largas colas. Incluso así, la experiencia de visitar una de estas exposiciones es un recuerdo imborrable. Además, generalmente se edita un catálogo conmemorativo donde se reproducen los árboles expuestos. Estos catálogos no tienen precio para un estudiante de bonsai. Las fotografías pueden inspirarles e indicar nuevos caminos para mejorar sus propios árboles.

Los visitantes internacionales que deseen obtener más información sobre las exposiciones de bonsais en Japón deben escribir a la Asociación nipona de bonsais (Nippon Bonsai Association).

## Exposiciones fuera de Japón

En China son poco frecuentes las exposiciones parecidas a las de Japón. Muchas de ellas tienen lugar en los jardines botánicos y parques recreativos, principalmente al inicio de la primavera coincidiendo con el Año Nuevo chino. En Hong Kong hay frecuentes exposiciones de bonsais en el edificio del Ayuntamiento.

La primera exposición de árboles en miniatura que se realizó en Occidente, de la que se tiene noticia, tuvo lugar en Londres en 1902. Fotografías de esta famosa exposición presentan, sobre todo, cipreses Hinoki, Tuyas, *Prunus mume, Prunus parviflora* y arce tridente. Los estilos expuestos se basan en el estilo chino y los árboles se hallaban plantados en profundas macetas redondas. Los estilos más populares son la media cascada, el erecto informal y las raíces expuestas. También se exhibían una serie de paisajes en bandejas o Bonkai colocados en macetas planas y rectangulares.

La siguiente vez en que aparecieron, los bonsais fue en 1910, en Londres, en la "Exposición de Gran Bretaña-Japón". Siguieron otras exposiciones importantes: la Exposición de la Paz en París, en 1925, y la Exposición Internacional de París en 1937. En cambio no se expusieron bonsais en la famosa exposición floral de Chelsea hasta 1960.

En los últimos diez años cada vez se han organizado mayor número de exposiciones de bonsais a lo largo del mundo. Los que se interesan por ellas deben escribir a la Asociación Nacional de Bonsais del país que desean visitar para conseguir información sobre las exposiciones locales.

## Clubes y sociedades

Existen clubes y sociedades de bonsais prácticamente en cada país. En el Reino Unido, por ejemplo, hay unos 20 clubes importantes en las grandes ciudades, numerosos clubes más pequeños y una organización general, llamada Federación de las Sociedades Británicas de Bonsai.

Muchos países europeos tienen clubes locales de bonsais así como organizaciones nacionales. Además, los clubes europeos se unieron en 1983 para formar la Asociación Europea de Bonsai, la cual entre otras cosas, organiza reuniones sobre bonsais de forma regular.

Los clubes pueden tener un papel muy importante para promocionar el interés por los bonsais. Extienden su conocimiento, mejoran, generalmente, el nivel de los bonsais y proporcionan un medio para que los entusiastas de los bonsais se encuentren e intercambien opiniones. Muchos clubes organizan talleres, salidas e incluso visitas a países extranjeros.

Recibo con frecuencia cartas de personas que se quejan de que no existe ningún club de bonsais cerca de la ciudad donde viven. Puedo comprender verdaderamente su frustración pero en general les aconsejo que tomen la iniciativa y pongan ellos mismos en marcha un club; no cuesta mucho poner un anuncio en el periódico o escribir un artículo para estimular el interés de otros lectores. Muchos clubes empezaron de esta forma, sólo se necesita que alguien dé el primer paso. No hay razón alguna para que no pueda ser usted.

## Visitas a coleccionistas

Aunque los bonsais se ven en mejores condiciones en una exposición especial o en las exposiciones florales, muchos interesados disfrutan contemplando colecciones de otras personas, especialmente si se hallan en el extranjero. La mayoría de aficionados de los bonsais está encantada de recibir estas visitas y preparándolas cuidadosamente pueden convertirse en experiencias enriquecedoras.

## Convenciones

Las convenciones de aficionados al bonsai son cada vez más populares. En América tienen lugar cada año varias convenciones en diferentes partes del país. En Europa y en el Reino Unido se

celebran convenciones anuales o bianuales. Son reuniones que duran en general, dos o tres días, con conferenciantes y demostraciones de técnicas especiales. Muchas de estas convenciones tienen un aire tan internacional que pueden ser descritas como convenciones mundiales.

## Aspectos comerciales

El aumento del interés por los bonsais en los últimos años, especialmente en Occidente, ha estimulado extraordinariamente el aspecto comercial del bonsai. En casi cada continente exceptuando Asia, existen comercios al por mayor o al detalle que se especializan en accesorios y árboles para bonsai. Como es lógico, los japoneses tienen acaparado el mercado de bonsais, tanto por lo que respecta a árboles como a accesorios. Esto no es debido únicamente a una capacidad superior para el marketing, sino porque la calidad de sus productos es la más alta.

Siempre vale la pena tener contactos comerciales personales, tanto en Japón, China o Hong Kong, antes de hacer algún pedido. Puede ocurrir que el agente se quede con el dinero sin cumplir el pedido, o que las macetas encargadas lleguen hechas trizas porque han sido mal embaladas. Generalmente los comerciantes japoneses son muy honrados y es asombroso el cuidado y la precisión con la que empaquetan sus productos. Los chinos, desgraciadamente no cuidan tanto los detalles, lo que es una lástima porque sus productos son generalmente muy buenos. Una regla fundamental es tener muchísimo cuidado al elegir los proveedores.

## Árboles para importar

Muchos países tienen leyes muy estrictas sobre la importación de árboles desde otros países, las cuales deben cumplirse meticulosamente. Probablemente se necesitará una documentación muy extensa y un permiso de importación antes de que los árboles puedan entrar en el país. Después, los árboles deberán someterse a cuarentena durante un determinado tiempo para estar seguros de que no son portadores de enfermedades que puedan contagiarse a las plantas autóctonas. Algunos países como Australia y África del Sur han prohibido la importación de árboles. Cuando existe tal prohibición no conviene tratar de pasar por encima de las leyes.

La manera tradicional de pagar las importaciones de China o Japón es mediante letras de crédito. Cualquier otro sistema de pago puede ser peligroso. Conviene consultar siempre primeramente con el banco antes de embarcarse en proyectos que requieran intercambios de importantes cantidades de dinero.

## Bonsai tours

Las vacaciones y los tours especializados son cada vez más populares y los de bonsais no son la excepción. Japón ha sido siempre una de las metas más populares para el aficionado al bonsai. También están ganado adeptos los tours por China.

## El camino a recorrer

Uno de los objetivos de este libro ha sido inspirar la creación de bonsais en formas diferentes. En el bonsai no hay reglas rígidas ni fijas y sin lugar a dudas nadie puede envanecerse de conocer todos los secretos. Las condiciones locales varían y cada uno debe adaptarse e improvisar a fin de conseguir los resultados deseados. Sea como sea he intentado ensanchar la visión sobre el bonsai y ver las posibilidades de crear bonsais a partir de material cotidiano.

Para progresar en el bonsai hay que tener una mentalidad abierta, y no encasillarse en la repetición y, por encima de todo, disfrutar en todo momento de la actividad con los bonsais. Me gustaría acabar transcribiendo un pensamiento que me enseñó un hindú aficionado al bonsai, y que me ha sido muy útil: "¿Quién es un hombre sabio? Aquél que sabe aprender de los demás".

# Herramientas
## para bonsais

En comparación con otras muchas
aficiones, el bonsai no requiere la
utilización de muchas herramientas
especializadas. Quizás sólo hay cinco
herramientas básicas indispensables:
podadoras, cortador de ramas especial,
cultivador o rastrillo, y plataforma giratoria.
Incluso las herramientas especializadas
son, en general, simples herramientas de
mano —varios tipos de podadoras, tijeras y
navajas—. No se necesitan herramientas
eléctricas como sierras, cinceles y tornos,
aunque pueden ahorrar tiempo y esfuerzo.

Es muy importante cuidar bien las
herramientas: los filos deben estar afilados.
Las herramientas deben limpiarse y secarse
cada vez que se usan y conviene untar el
corte con un poco de aceite antes de
guardar la herramienta para impedir que se
oxiden. A pesar de que las herramientas
especializadas son muy útiles no por ello
son indispensables. Después de todo los
antiguos artistas chinos y japoneses no
tenían más que sus tijeras y cuchillos para
crear sus obras maestras. Se pueden
realizar muchas cosas mediante la
improvisación.

Solamente tres de las herramientas
básicas mostradas aquí son especiales
para el bonsai —(abajo a la izquierda)
tijeras para cortar las raíces en el cambio
de maceta, tijeras de mango largo para
poder penetrar al interior de la estructura
de las ramas, y alicates para ramas (este
tipo especial se llama "wen")—. Las
podadoras, la sierra para podar y el
pequeño cultivador manual pueden
obtenerse en cualquier garden-center; la
malla de plástico para cubrir los agujeros
de las macetas de bonsais es la red de
plástico corriente que se utiliza en los
invernaderos para producir sombra, y el
alambre de aluminio puede comprarse en
cualquier almacén de electricidad o en
una ferretería.

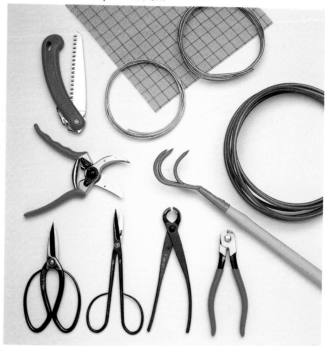

**Derecha:** Una pequeña selección de cinceles, navajas y tijeras utilizadas para cortar y podar. Los cinceles (arriba a la izquierda) tienen cada uno una utilización especial. Los dos alicates grandes (arriba a la derecha) son para eliminar ramas. El cultivador de acero inoxidable es para escardar las raíces, el vasto despliegue de tijeras es para recortar ramitas, hojas y raíces. **Abajo:** Una selección de herramientas de moldeado que comprenden los tradicionales cinceles manuales, y herramientas eléctricas, como una sierra de transmisión, una perforadora eléctrica con muelas y fresas para rascar y pulir, y una perforadora eléctrica con un cable flexible que se utiliza con pequeños instrumentos para tornear.

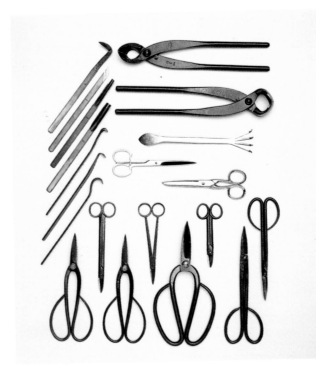

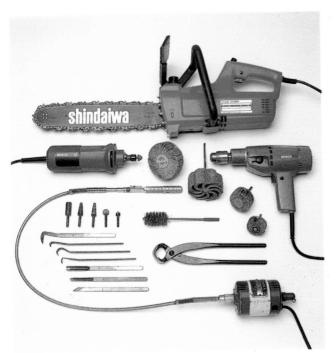

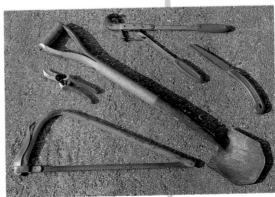

**Arriba:** Algunas de las herramientas básicas indispensables para una expedición de recolección: una pala plegable par arrancar árboles y cortar las raíces en la separación; muestra de sierras muy afiladas para cortar árboles más altos y para aserrar raíces gruesas, podadoras de mangos largos y corto, para eliminar ramas.

# Índice

# Agradecimientos

Debo decir que me he divertido mucho escribiendo este segundo libro sobre bonsais. A diferencia del primero, éste ha sido escrito con un mayor margen de tiempo y de forma más relajada. Las sesiones fotográficas también han sido mejor planeadas. Ha sido un placer trabajar de nuevo con el fotógrafo Larry Bray. Sus fotografías son ciertamente comparables a las de los mejores manuales japoneses. Larry probablemente ya sabe tanto sobre bonsais como cualquier entusiasta de bonsais del Reino Unido. Lo mismo se puede decir de Sally MacEarchern, editora de The Paul Press.

También tengo palabras de agradecimiento para el Dr. J. Hey, Chairman de la Fundación Zen en el Reino Unido, por sus útiles comentarios sobre la influencia del zen en la estética del bonsai. Gracias también a mi buen amigo Ken Leaver por permitirme hacer uso de sus acodos aéreos.

Quisiera agradecer sobre todo a mi esposa Dawn su cuidadoso mecanografiado y comprobación del manuscrito, y su voluntad de compatibilizar este trabajo con sus actividades profesionales.